千古博南 味道永平

总策划 杨宁 杨健
主编 张剑萍 彭斌
执行主编 曹劲鹄
本卷主编 万国萍

云南出版集团
云南人民出版社

文化大理
永平

图书在版编目（CIP）数据

文化大理．永平 / 万国萍主编．-- 昆明：云南人民出版社，2016.8
ISBN 978-7-222-14766-9

Ⅰ．①文… Ⅱ．①万… Ⅲ．①文化史—永平县 Ⅳ．①K297.42

中国版本图书馆 CIP 数据核字（2016）第 127322 号

创意策划： 云南出版集团公司产业发展部
出 品 人： 刘大伟
责任编辑： 苏映华　文艺蓓　刀金梅
设计总监： 袁亚雄
装帧设计： 云南非鸟文化传播有限公司
责任校对： 徐　霞
责任印制： 洪中丽

文化大理·永平

主编： 万国萍
出版： 云南出版集团　云南人民出版社　// **发行：** 云南人民出版社
社址： 昆明市环城西路 609 号　// **邮编：** 650034
网址： www.ynpph.com.cn　// **E-mail：** ynrms@sina.com

开本： 787mm×1092mm　1/16　// **印张：** 16.75　// **字数：** 110 千
版次： 2016 年 8 月第 1 版第 1 次印刷　// **印刷：** 云南国方印刷有限公司

书号： ISBN　978-7-222-14766-9　// **定价：** 59.00 元

如有图书质量与相关问题请与我社联系
审校部电话：0871-64164626　印制科电话：0871-64191534

云南人民出版社公众微信号

苍洱毓秀 文献名邦

（总序）

“苍洱毓秀，文献名邦。”辖十二县市、含十三个世居民族、约三万平方公里的大理白族自治州，不仅是白族人民赖以生存的福地，也是大理各族儿女共同的精神家园。它不仅是中国的，也是世界的。

如果说文化大理是一部内涵丰富、博大精深、蕴藏智慧的书，那么，这部书厚重、久远，写满了传奇、浪漫、和谐与包容，无论从哪个角度来看，它都熠熠生辉，散发着历史的醇香，彰显着文化的魅力，醉人心脾，令人惊叹，让人神往。

透过大理这部传奇之书，我们看到了从新石器时代一路走来的大理，以及5000多年积淀而成的文化精粹和人类文明。

感谢喜马拉雅那场遥远的造山运动，把大理的奇山秀水与青藏高原的余脉连为一体，一脉相承，形成了金沙江、澜沧江、怒江、红河与横断山、无量山、哀牢山等山河相间、气势磅礴的大山大河格局，在造就了“风花雪月”自

然景观的同时，也孕育了以苍山、洱海为中心的文明，其中包括黑澽江流域和红河源流域的文明。还有大理阳苴咩城遗址、巍山双圈河大理国早期建筑遗址等，共同续写着洱海地区文明的华彩乐章。

“九隆创世”“鹤拓大理”的神话尚未远去，洱海银梭岛贝丘遗址的考古成果，已经确立了洱海流域作为云南最早的新石器时代遗址的历史地位。也是在那个遥远的时代，剑川海门口、宾川白羊村曾经创造了云南最早种植粟的农耕文明。还有漾濞苍山古岩画、云龙江河上的古桥梁，以及穿梭在苍山洱海之间的庙宇道观、城池村落、民风民俗、诗词歌赋、饮食服饰，等等，全都成为文化大理的载体，以苍山洱海为中心，辐射开去，供后人领悟，让世人景仰。

透过大理这部立体之书，我们看到了云南的起源，还有南方古丝绸之路和茶马古道的足迹，看到了高耸入云的三塔，感悟到了“文献名邦”的传奇。

追根溯源，正是大理这方厚土最早叫作“云南”。远在西汉时期，在今天祥云县的云南驿一带，就设置了云南县。从此，“汉德广，开不宾，度博南，越兰津……”随着经济的繁荣和商贸的兴起，横穿东西的南方古丝绸之路，在张骞出使西域之前，就正式成型，途经永平的博南古道就是其间最艰险的行程。随后形成的茶马古道，纵贯南北。两条古道作为古代的国际大通道，在大理交汇、交融，互通有无，为物资交流、文化传播提供了便利。千百年来，多少达官显贵、文人墨客、僧侣客商，或匆忙或悠闲的步履往来于此。一路上，不仅成就了鹤庆商帮、喜洲商帮等历代商贾的辉煌，同时，人才辈出，文化灿烂，创造和积淀了同样辉煌的历史文化。

在 20 世纪 40 年代，在南方古丝绸之路上修筑了滇缅公路，成为抗战最艰难时期物资运输的大动脉。

大理有许多的历史文化标识，一千多年来，屹立在苍山洱海之间的崇圣寺三塔，就是其中最显赫的历史存留。一大二小三座塔形成鼎足之势，布局统一，造型和谐，稳如泰山。大塔又叫千寻塔，塔前朝东的照壁上，有明人沐世阶所题“永镇山川”石刻大字，每字高1.7米，字和塔相互映衬，浑然一体，昭示着大理作为边疆地区的稳固和安宁。其文化内涵和历史寓意，影响着大理乃至云南的过去、现在和未来。

大理文化的另一个标识是大理古城南城楼，以及高悬在上面的“文献名邦”牌匾，不远处的文献楼和五华楼，与它遥相对望。这块由清康熙年间云南提督偏图所书的匾，和那些古色古香的楼，是大理古城的灵魂，“亚洲文化十字路口的古都”，由此辐射开去，放射着耀眼的光芒。

伫立在太和金刚城下的德化碑，是大理历史文化的重要节点。这块碑，穿越唐朝天宝战争的硝烟而来，记述着南诏君王的伟业丰功，同时，表达了南诏关于天宝战争的苦衷，表明了归附唐室的心迹。

透过大理这部包容之书，我们看到了妙香佛国的祥和，看到了“云南福星”的慈祥，看到了“本主”信仰的力量，看到了儒释道等多宗教的和谐共荣。

南诏大理，一个和唐宋相始终的地方王朝，先人们从唐宋王室那里学到了文韬武略，把信仰当成生活的必修之课，筑寺修塔、凿龛造像、吟诗泼墨，引导了那个时代云南文化的时尚和潮流。

正是这种信仰的力量，创造了南诏大理国绚烂的文化。

剑川石宝山石窟的石刻，宾川鸡足山的“迦叶道场”，祥云水目山的佛身舍利，崇圣寺中帝王皈依的情节，起源于南诏国、鼎盛于大理国的佛教密宗教派，等等，创造了

辉煌的雕塑、石窟、摩崖、石刻、绘画艺术。其中“阿吒力”观音造像为云南所独有，被西方学者誉之为“云南福星”，护佑着云南，光耀着大理。同时，也揭示着那个时代人们的价值取向和思想体系，展示了高超的艺术创作成就。

历史上，大理一直是儒释道并存、多宗教共荣的福地。除了佛教之外，原始宗教和以巍山巍宝山为代表的道观神殿遍布全州各地；以大理古城文庙为代表的儒家祠堂星罗棋布；清真寺和基督教、天主教教堂比比皆是；其他各种原始宗教色彩纷呈。中原文化和民族文化在这里交汇共荣，东西方文化在这里相融相生。

大约是南诏国时代，大理逐渐兴起了本主崇拜。也就是从那时起，本主文化便开始在苍山洱海间世代相传。在大理两千多个白族村落中，供奉着一千多位本主，村民将其视为自己的保护神。那些本主，不仅有当地传说中的各路神灵，还有生活在身边、触手可及的传奇人物，甚至还有被人们赋予使命的某种物品。而那些作为本主的传奇之人，他们并非单独一个人，而是有夫妻、兄弟、姐妹、亲戚、朋友等亲密关系，是一群食人间烟火的神。这种人、神、物合一的宗教信仰，形成了色彩斑斓的神灵世界，正是白族先民的大智慧，使大理具有极大的开放性和包容性，其艺术价值和现实意义，已经超越了信仰本身。

自古崇尚生态文明的大理，还是“多元文化与自然和谐共荣的乐土”。这里有各种飞禽走兽长居于此，苍山洱海间有来自西伯利亚的红嘴鸥到此越冬，巍山隆庆关的“鸟道雄关”，南涧凤凰山、洱源鸟吊山的“百鸟朝凤”，剑川剑湖、鹤庆草海的水鸟欢腾，等等，无不成为自然的奇观。

透过大理这部民俗之书，我们看到了多彩的民俗，小吃可口，节日众多，风情浪漫。

有以“赛马、唱歌、做买卖”为主题的三月街，有“东方情人节”之誉的绕三灵和剑川石宝山歌会，有狂欢的火把节，有栽秧节、蝴蝶会、要海节、祭祖节，这些节日，隔三岔五，总会在不知不觉中走进人们的生活里。另外大理饵块、酸辣鱼、喜洲粑粑、白族生皮、洱源乳扇、巍山炽肉饵丝、永平黄焖鸡、宾川海稍鱼、弥渡卷蹄、南涧锅巴油粉、云龙诺邓火腿等组成的大理特色小吃风景线，极大地丰富着地方的饮食文化，成为文化大理不可缺少的部分，吸引着南来北往的人们。

还有以白族服饰为代表的民族服饰，色彩斑斓，美观大方，展示着一方水土一方人的生活态度；那些以青瓦白墙为主旋律、以“三坊一照壁”“四合五天井”为布局的白族民居，则体现了大理各族儿女的生活智慧；“家家流水、户户养花”，真实地写照了大理人民对生活的热爱和对美的追求；奇妙的大理石天然画，饱含着天地精华和人文情怀，以及各具特色的民族风情，全都是文化大理的重要载体。

透过大理这部艺术之书，我们看到了数不胜数的诗人、作家、学者、艺术家、教育家和科学家，看到了目不暇接的文化产品和精神财富。《南诏奉圣乐》恢宏大气，《张胜温画卷》精美绝伦，《南涧跳菜》粗犷豪放，《小河淌水》荡气回肠，《五朵金花》遐迩闻名，《天龙八部》引人入胜。张叔、盛览的故事已成佳话；郑回、杨奇鲲、杨黼、杨升庵、杨士云、李元阳、杨南金、艾自修、徐霞客、担当、师范、王菘、赵藩、周钟岳、赵式铭、董泽、张子斋、黄洛峰、马曜、张文勋、晓雪、杨丽萍等等文化名人，伴随文化风景一路走来。张伯简、王复生、王德三、施滉、周保中等革命先驱点燃了我们的红色记忆；张耀曾、杨杰续写了民国人物的传奇；“两弹”元勋王希季、“试管婴儿之母”张丽珠等，为新中国的科技事业书写了不朽篇章。挂一漏万的大理历代杰出儿女，他们都是大理或大理文化的代表。

“苍山不墨千秋画，洱海无弦万古琴。”这是玉洱银苍风景的真实写照，也是文化大理的名片，在其中，珍藏着我们共同的乡愁。

“苍洱毓秀，文献名邦。”就这样被赋予了历史的责任和特殊的意义。

大理文化，源远流长，多姿多彩；文化大理，灿若星河，独具魅力。这部丛书，将以世界的眼光、历史的角度、辩证的思维、散文的笔调、新颖的姿态，挖掘大理文化的内涵与成果，展示文化大理的风采与自信，使文化大州的精神与魅力在实现中华民族伟大复兴中国梦的征程中，放射出耀眼的光彩。

千古博南　味道永平

两千多年前，有一条民间商道从汉王朝腹地出发，经今天的四川、云南、缅甸，直达印度乃至西亚。雄才大略的汉武帝得知这条民间商道的存在后，决心在此民间商道基础上，打通从西南到印度的官道。约一百八十年后，哀牢人于东汉明帝永平十二年（69年）归附汉朝，东汉王朝“始通博南山、渡兰沧水”（“兰沧水”，即澜沧江，为保留史籍原貌，下同），“置哀牢、博南二县……合为永昌郡”。至此，汉武帝孜孜以求的“蜀身毒道”终于全线打通。永平县，也就是古时的博南县，正好位于这条大通道的要冲——其独特的山水格局以及地理位置，决定了这条国际大通道的走向与路线——古道自东向西穿越永平县，翻越境内的博南山，故又称“博南道”。

博南古道翻开了永平悠久的历史，成就了永平灿烂的文化。博南古道无可厚非地成为撑起永平历史文化的“台柱”，成为串起永平历史文化的“经络”，滋养了永平历史文化的“灵魂”。永平的历史文化积淀，一点一滴都与博南古道这条国际大通道息息相关。

修筑博南古道，是汉王朝开疆拓土、统一各族的举措之一。道路通，政令即通，人流、物流即通，文化即通。博南古道的开通，对永平县政治、经济、文化、社会发展与演变均产生了重大影响。自汉代以来，大量汉人随军从博南古道迁入云南，中原汉文化也大规模涌入云南，促使云南由青铜文化期步入到铁器文化期。地处博南古道要冲的永平县，逐步成为内地通往边疆及东南亚国家的重要交通门户。从那时起，永平县与云南其他少数民族地区一样，开始接触中原汉文化，因其独特的地域条件，成了接纳、融合、传承中原汉文化的重要驿站，中原汉文化的各种元素，包括儒家文化、道家文化、佛家文化等，以博南古道为载体，通过屯田、戍边、战争、移民、马帮、商旅等形式，源源不断地输送到了永平，经过天长日久的激荡、沉淀，在永平这个僻处边隅扎根发芽，至今，古道沿途居民的语言、食物、建筑、生产生活习惯等，都深深地烙有中原汉文化的印记。

修筑博南古道，诞生了“汉德广，开不宾，度博南，越兰津，渡兰沧，为他人”这首云南最古老的歌谣，并流传了下来。歌谣为研究这段历史提供了极有价值的资料，里面提到“博南”“兰沧（即澜沧江）”等地理标识，成了永平县最为耀眼也最为重要的文化标识。其中的“博南”二字，原为一座山的名字，被用来命名一段国际大通道，还用来命名一个新设置的县治，其代表性和重要性可想而知。博南山坐落在永平县城西南，山并不高，最高海拔仅 2704 米，其与澜沧江同向，绵延数十公里，其上有永历帝寄居过的永国寺，有秘境宝台山，有大清莲花弥勒道场，有古茶树，更有第四纪冰期“化石”之称的“木莲花”。这一江一山，是“博南古道”往西推进必须跨越的两个天险，为历代兵家必争之地。民国诗人谢式南有《博南谣》曰：“笑指青天月一弯，请歌一曲博南山。博南往事君知否？金齿西来是汉关。”该诗把永平描绘和定位成汉朝的重要军事关隘，是名副其实的。昆明族与哀牢人的战争，永历帝与清军的战争，以及林则徐平息练匪杀回事件，都发生在博南山上。抗日战争期间，远征军开赴滇西，博南古道乃必经之途……曾经的历朝历代都把永平作为重要的军事要地来经营，即使在和平时期，朝廷也通过屯军的方式，来对永平县进行管理。在今天的县城及附近，还存留着明朝永平御下辖的九屯的名称：苏屯、钟屯、边屯、旗屯、庞屯、罗屯、曹屯、上叶屯、下叶屯，这些屯，都以当时屯兵驻将的姓氏来命名。如今，博南山上的硝烟早已散去，浑厚博大、生机勃勃的山脉、河谷成了永平人民赖以生息的幸福家园，他们从博南山上汲取生存的营养，开辟了博南山万亩茶园，打造了“博南山”茶叶品牌，培育了158万亩核桃园，铸成了“永平核桃”的美名，种植了玉米、小麦、大豆，养殖了肉牛、黑山羊、猪、鸡、鸭、鹅，安居乐业，幸福美满。

国际通道博南古道与国际河流澜沧江天险交汇之处的“兰津渡”，更是博南古道辉煌历史的最有力的见证。“兰津渡”先为渡口，后来相继建了藤桥、竹桥、铁链桥。两岸悬崖峭壁，江中急流汹涌，有“一夫当关、万夫莫开”之势，被喻为“金齿咽喉”。险美绝景之地，往往能让人，特别是文人墨客顿生感慨和惊叹。“兰津渡”之西，有一天然巨型石崖，其上刻有明、清时期的燕山南、张其眉、段腾龙、吴鹏阳等文人墨客、达官显宦的各种诗文题词三十余幅。这些石刻集书法艺术、文学艺术、石刻艺术为一体，成为研究博南古道、研究霁虹桥最为重要的历史资料，是整条博南古道上难能可贵的一个历史文化沉淀。

有了博南古道，永平才有神龙见首不见尾的建文帝藏身宝台山的传说，才有明朝末代之皇永历帝、落魄才子杨慎、清代县令桂馥、民国艺术巨匠徐悲鸿、美国记者埃德加·斯诺、中国当代作家艾芜等在

永平留下的深深脚印。这些人物以及他们在永平的种种往事，充盈着永平的历史文化，他们让永平历史文化的厚度和广度得到了无限增加和拓展。

有了博南古道，古道周边区域诞生了马帮文化，以及与马帮有关的饮食业、商业、制造业等方面的文化，其中，曲硐、花桥、杉阳等村落，在博南古道上千年的通行中，逐渐发展壮大成古道上的重要驿站。曾经，这些驿站上，马店、商号、商会林立，铺面、客栈、会馆成排成行，特别是花桥、曲硐两个集镇，历史上曾作为县衙所在地，其文化底蕴更加深厚绵长。到今天，两个集镇成了永平县古镇、古村落的代表，集镇里古街道、古建筑保存良好，古老气息犹盛。

有了博南古道，大量的来去商旅、过往人客，让各种语言、美食、物产等文化得以在驿站上交汇，形成了具有永平特色的语言、饮食等文化。其中，以黄焖鸡为代表的系列菜肴、清真食品、杉阳土八碗等美食，随古道而来，随古道而去，得以声名远播，味传四方。

由古道衍生出的一系列文化，对于永平来说，其意义是非凡的，因为有它的存在，才有了今天的“味道永平”。

发现和挖掘从博南古道上输送而来的中原汉文化，是一件有意义的事情，它能诠注一种先进文化如何让一个边隅之地在政治、经济、文化上向前向上发展。从这个意义上讲，有博南古道经过，对于永平人民来说，是一件幸事。今天，320国道、大保高速公路、大瑞铁路都从永平经过，它们的方向与博南古道有着惊人的一致性，这种现象说明，古代帝王对疆土形势的准确把握，永平县的确是一个在地理格局方面有特殊意义的地方。在云南省被作为西南地区的“桥头堡”来开发建设的今天，开发利用博南古道，是永平面临着的又一次千载难逢的机会，是博南人民彰显自己的睿智的机会。

目录 CONTENTS

忠魂永奠

第一章

博南山：千古博南，因路而名

“笑指青天月一弯，请歌一曲博南山。博南往事君知否？金齿西来是汉关。”这座为“汉关”的博南山上的古道，是古“西南丝绸之路”的险要路段，今天的320国道、大保高速公路、大瑞铁路、中缅油气管道皆经此而过。

如今，《博南谣》的余韵仍在回荡，大清莲花弥勒道场金光寺，永历帝寄居过的永国寺，第四纪冰期“化石”木莲花，元代古梅，古茶树等文化“明珠”，仍然在博南山上流淌神韵、焕发神采。博南山这部“古籍”，篇篇都是动听的故事。

《博南谣》——云南最古老的歌谣

一曲《博南谣》，串起了两千多年的悠悠往事，有人感叹它是一首苦歌，有人赞美它是博南大地上最精彩的篇章。其实它更像是一面镜子，让我们照见永平的过去、现在、将来……

在滇西的崇山峻岭中，有一座因“西南丝绸之路”闻名遐迩的博南山，“博南古道”翻山而过。虽然光阴荏苒，山谷沉寂，但古道上的每个石头、每根小草、每片落叶、每个马蹄印仍然是一个个散落的音符，只要用脚步将它们串联起来，回荡在耳畔的就是一支苍凉古老的歌：“汉德广，开不宾，度博南，越兰津，渡兰沧，为他人。”

这是云南最早的歌谣，又名《兰沧歌》《渡兰沧歌》，从它诞生起就一直被传唱到近现代。这首歌谣的意思是：“大汉皇帝的仁德真广大啊，开化了那些没有归顺的哀牢夷。我们这些被征发到哀牢的戍卒、民工翻过博南山，越过兰津桥，渡过澜沧江，吃尽种种苦头，都是为了他们啊！”歌谣记述了博南道上的艰难险阻，流露出戍卒、民工远离家乡，思念亲人，不堪开山筑路之苦的怨愤心情，因而有人称它为苦歌。

曾经的古道，如今每到雨季，各种野生菌长在上面，透露出沉寂后的另一种生机

众所周知，博南道的开辟是张骞出使西域的意外收获。公元前 138 年，张骞在大夏“见蜀布邛竹杖”，归来后向汉武帝禀报。汉武帝派人寻找开辟“蜀身毒道”为昆明族所阻后，又于公元前 109 年派十多万大军征服昆明族，挺进博南山，终于打开了这条通道。据《华阳国志》卷四记载，此歌谣产生于西汉武帝大军西越澜沧江设置不韦县的公元前 2 世纪末期：“孝武时，通博南山，渡兰沧水（即澜沧江）、耆溪，置嶲唐、不韦二县……行人歌之曰：‘汉德广，开不宾，度博南，越兰津，渡兰沧，为他人。’渡兰沧水以取哀牢地，哀牢转衰。”

歌谣说明，早在汉朝，中原地区与西南边疆便有直接联系。建武二十七年（51 年）至明帝永平十二年（69 年），哀牢夷有五十多万人愿归附汉朝。汉朝在哀牢地区设哀牢（今

博南山碑

腾冲、龙陵、德宏州）、博南（今永平）2县，加上云南（今祥云、弥渡）、邪龙、叶榆（今洱源、剑川、鹤庆）、比苏（今云龙、兰坪）、嶲唐、不韦，全面打通了永昌道。为了促进当地的社会发展，同时也是强化大汉王朝的统治，西汉政府采取怀柔政策，修道路，办学校，抑豪强，扶贫弱，规定哀牢夷的赋税为“邑豪岁输布贯头衣二领，盐一斛”（《后汉书·西南夷传》），一般居民不缴赋税。西汉政府的这些惠民政策就是《博南谣》说的“汉德”。然而当人们交口称赞“汉德广”的同时，筑路的戍卒、民工却忍受着饥饿、疾病、瘴气、寒冷、思乡等痛苦的折磨，他们发出“为他人”的怨言便是历史条件下真情实感的流露。

歌谣中的“博南山”“兰津渡”都在永平境内，它们是博南古道上最重要的几处关口，也是“蜀身毒道”上最为艰险著名的几段路。博南山坐落在永平县城西南，距县城约20公里。它蜿蜒连绵、重峦叠嶂，海拔最高达2704米。博南古道横贯永平一百多公里，其中以博南山这一段最为艰险。它山高林密，浓荫蔽日，沿途全是荒无人烟

沉寂了的古道

的原始森林。曾经是虎、豹、熊、狼等毒蛇猛兽出没的地方，只要看看那些沿用至今的地名，如“老虎箐”“豹子箐”“狮子窝”“万马归槽”……便可想象两千多年前的博南山是多么阴森恐怖。比如“万马归槽”这段路，是在山顶开挖的一条深1至2米、宽两米多的狭长过道，长一百米左右。它中间高、两头低。一头是二十多米长、六七十度的陡坡，中间（山顶）有两米多宽的一块平地供人畜喘口气，然后又顺着八十多米长、六七十度的“马槽”往下走三百多米，才到坡脚。而像这种险要的山道，在博南山比比皆是。正因山高林密，便于隐藏，博南山曾有强盗出没，劫人钱财。明人杨升庵的《博南谣》说：“澜沧自失姜兵备，白日公然劫行李。博南行商丛怨歌，黄金失手泪滂沱。铁锁箐边山嵯峨，金沙江头足风波。为客从来辛苦多，嗟我行商奈若何。”眼睁睁地看着辛辛苦苦得来的钱财被强盗抢劫一空，人们除了以哭声发泄胸中的痛苦悲伤外，又有什么办法呢？虽然时光已过去几百年，但冥冥中，我们似乎还能听到“老天啊——老天啊——我们怎么办呢”的长吁短叹。当地人将杨升庵吟诗站立的地方唤作“叫天山”，此地名一直沿用至今。另一位明代诗人则曰：“过了漾濞渡，阎王请上簿。到达龙尾关，才是到人间。”意即过了漾濞（原隶属永平）渡，就等于上了阎王的生死簿，博南古道的艰险由此可见一斑。难怪那些被汉武帝征发到哀牢的戍卒会有“度博南，越兰津，渡兰沧，为他人”的感慨。

一首歌谣，让我们看到汉武帝的雄才大略，听到戍卒、民工的哀怨叹息，也佐证了“博南古道”的重要地位。从四川成都经云南昭通、曲靖、大理、漾濞、永平、保山至缅甸、泰国、印度并进一步通往中亚、西亚和欧洲地中海地区的“蜀身毒道”，是历史文献记载的最早

度博南，越兰津

的中西交通线路，在历史上对促进中外经济及文化交流发挥过重要作用。“博南古道”上的兰津桥（霁虹桥）是东来西往的咽喉要道，徐霞客曾有“迤西咽喉，千古不能改也”的论断。可以说，没有博南山、霁虹桥，就没有《博南谣》。

《博南谣》见证了云南马帮悠久的历史。云南古称“蛮荒”“不毛”之地，山高坡陡，崎岖难行，南方丝绸之路就是靠“山地之舟”马帮开拓的。据文献记载，大约在东晋时，云南马帮就产生了，但规模不大。近代以来，随着云南经济的迅猛发展和对外贸易的急速发展，云南马帮便兴盛起来，形成了鹤庆帮、腾越帮、喜洲帮等几个较大的马帮，博南古道上的马蹄印就是马帮悠久历史的见证。

《博南谣》让人想到博南古道上的花桥、丁当关、金光寺、永国寺、凤鸣桥、江顶寺、武侯祠、摩崖石刻、升庵祠堂等名胜古迹。这些都是独特的自然风光和人文景观，值得人们寻幽探胜。人们尽可在此拍照留念、吟诗作赋，发思古之幽情。

《博南谣》还反映了永平悠久的历史。永平很早就有人类活动了，永平新石器新光遗址、新石器小狮山遗址就是古人的遗迹。只不过那时人烟稀少，只集中在永平坝子的中西部。后来随着博南道的开通，博南道沿线才有人烟。于是才有一个个村庄、驿站和丰富多彩的边屯文化。

“博南往事君知否？金齿西来是汉关。”

由《博南谣》，我们会想到张骞、西域，想到那些吟咏博南古道的诗词歌赋，想到凌空飞渡澜沧江的“霁虹桥”、大瑞铁路、中

缅输油管道，想到永历帝、杨升庵、诸葛亮、徐悲鸿等与永平有关的名人……

一曲《博南谣》，串起了两千多年的悠悠往事，有人感叹它是一首苦歌，有人赞美它是博南大地上最精彩的篇章。其实它更像是一面镜子，让我们照见永平的过去、现在、将来。如果将永平乃至云南比作一部内涵丰富的书，《博南谣》就是序言，它是一场宏大叙事的开始，能让我们想到很多很多……

古兰津古渡

永平在这头，张骞在那头

因为张骞的策略，博南古道开通，永平魅力倍增。虽然许多灿烂文明被岁月尘封，但依然挡不住有识之士对它的孜孜探寻。

世异时移，博南古道已经寂寞冷清了，没有大规模的客来商往，仿佛已经退隐世外。但作为永平人，古道情结深植于心，始终在等待古道被唤醒的那一天。

是的，即使是如今沉睡的博南古道，依然是西南丝绸之路上最有历史意义的一段。永平博南山，依然是古道上最重要的一道屏障。博南古道是中国南方最早对外进行开放贸易、建交结盟、实行政治军事扩张的一条国际大通道，被很多人冠以“南方古丝绸之路”的称誉，又被美国著名作家埃德加·斯诺称为“云南的皇家古道”和“通往印度的黄金之路”。而古道的开通，与一位伟大的外交家、探险家有关，他就是张骞。

张骞，被称为丝绸之路的开辟者、中国第一个睁开眼睛看世界的人。博南古道的开辟，是张骞出使西域的意外收获。而永平成为金齿咽喉、汉文化飞地，则是开通博南古道的必然结果。是张骞的

保存完好的博南古道路面

外交策略成就了永平，永平因张骞的一个意外发现而声名鹊起。永平在这头，张骞在那头，中间隔着遥远的时空，仿佛永远分离，却又河同水密、脉脉相通。

公元前 138 年，张骞受汉武帝派遣出使西域，联络西域各国夹击匈奴，打开通往西域的道路。此时，隅居在“蜀身毒道”上的永平还不为人知，还是一块“不宾”之地。

张骞联合西域各国没有成功，却意外发现了“蜀身毒道”的存在。他历经千辛万苦后发现，到西域各国“从羌中险，羌人恶之，稍北则为匈奴所得”。“通蜀身毒道便近，有利无害。”他在大夏“见蜀布邛竹杖”，并由此推断，西南有一条通往西域的道路。

公元前 126 年，张骞破衣烂衫回到长安，向汉武帝汇报出使西域的得失。这正是博南古道开通的契机，也是从此开启永平县历史的契机。

张骞向汉武帝提出建议：“从蜀宜径，又无寇。”汉武帝采纳了张骞提出的建议，派人前往西南夷，寻找“蜀身毒道”。但因为使臣受到了洱海地区强悍的“昆明族”等部落的阻碍而无法前行。公元前 109 年，汉武帝派兵大举入滇，决心实施开辟博南古道这一伟大工程。《华阳国志·南中志》记载：“汉武时，通博南山……”这里提到的博南山，在《辞海》里也有相关的词条：“博南山，一名金浪颠山，俗讹为丁当山，在永平西南。”

汉武帝设立益州郡，标志着这条道路开工建设；汉明帝设立永昌郡，标志着这个宏大的工程正式完工。历经近两百年的时间，整条道路才得以全线贯通。博南古道全长约四千公里，穿越永平县博南山的一段，是迄今所发现的保存最完整的一段，从东到西横贯永平，全长约一百多公里。

张骞出使西域，代表了中国最早的政治、经济、文化对外开放，开创了中西交流的先河。《云南风物志》里有一段记述：“汉王朝组织人力开凿博南古道，‘西南丝绸之路’商贾来往日趋频繁，促进了西南与东南亚各国，尤其是与缅甸、印度的国际贸易及文化交流。”永平自然而然地成为这一交流活动的重要驿站。

因为建设博南古道，博南山就成了一个巨大的工地，永平就成了一个边屯重地。大批建设者的到来，使永平地方人口得到增加、经济得到发展、社会得到繁荣。69 年，汉明帝设置博南县，即今天的永平县，同年设置永昌郡，即今天的保山。这种政治体系的不断拓展、完善，使得内地与边陲之间、边陲与邻国之间，政治、经济、军事等方面的联系日益密切，往来日益频繁。这种联系和往来，唯一的依靠就是博南古道。博南古道的开通，是张骞的不朽功绩。

就是这条古道的开辟，将历史人物张骞与西南小县永平永远联系在了一起。

保存完好的古道

古道残关觉路遥

站在这引发哲思的古关隘前，临江远眺，他们能看到什么？又悟出了什么？每个人思绪不同，境界各有差异，肯定能感受到同样的“遥”，但也会是不同的“遥”。

第一次走近这座古关隘，还是在大瑞铁路未开挖前、霁虹桥之行的途中。我们从杉阳镇岩洞村的山脚出发，攀上那长长的山坡，西南丝绸古道上泛光的石板路在脚下时隐时现。在还未爬通山梁时，远远地就看见那道拱门了，阳光勾勒出它那恍如置身硝烟中顽强的残躯，似乎是在证明自己已经战胜了时光。走到它面前，引人注目的是门头上的“觉路遥”三字，确实有斜阳古道的意境。而向江边的另一面，石匾上蚀痕斑驳的三个繁体字，我已不能辨识。关隘两旁，尽是长而光秃的坡岭，常年的江风像一架巨大的机器那样刮着，和古关这超然的寂静相比，我就想起那逝去的季节，还有与永恒和无限有关的一些问题。为了躲避肆无忌惮的疾风，我一个人退回去靠近墙壁，而空气中渐增的紧迫，则使我怀疑，那墙壁反射的同步心跳和沉重呼吸，并非只来自我自己一人。

这个早已荒弃，只能作为记忆，由雕着古纹的青石匾、凿痕累

博南古道的“觉路遥”残关，给人一种“西出阳关无故人”的苍凉感

累的方形花岗石、糯米灰浆构成的砖石建筑，无论从年代，还是风貌上看，都很像一堆倾圮的牌坊古墓。也许那躺着的灵魂，至今仍瞪大眼睛，看着每天从自己脸上闪过的鞋底和马蹄，注意聆听那渐渐远去的声音，期待将要到来的脚步。这大概是它孤独中唯一的消遣了。

对于第一次匆匆的路过，虽了解不多，但也知其身处要隘，是霁虹桥不可分割的部分，具有属于自己的特质，只是由于时间和历史的严厉，才让它渐渐融入荒野的沉默。后来，每一次的路过，驻足凝望，频频回首——它似乎是在告诉我：“过来呀！你才是我愿意倾诉的对象，我已经……”

以它的魅幻感，深深的面孔中的暗示，去了解它的历史、它的故事，进而读懂它的语言——我也很想知道，在它岁月的沙海里，有没有我迫切需要的珍宝。

似乎是因彼此的感动，在众多平淡的记录中，快门终于捕捉到了我的期待，那是它过去也不常显露的真相，是漫长时光所提炼出的辉煌的一瞬：黄昏中，悬于空际的画卷徐徐展开，铺出一条河流的阶梯。因为愉悦，它已从狂风巨大而轰响的催眠中完全醒来，这些经久磨砺的石头，每一块都珍贵至极，晦明交错之间，它们是一层层颅骨之墙，有时，又渐被熔软，如扁圆的赤金。它所展现的熟透的魅力、沐浴于一派辉煌的拱门，仿佛是它用自身的燃烧，为我映照那古老的幽邃。而后，它向我诉说它那蕴含源源历史的过去，它见过的很多史籍里面的人，它所经历的变迁、难言的伤感……如今，这贫瘠的山梁、寂寞的关门、不息的风沙，还能让我联想到“春风不度玉门关”“西出阳关无故人”“古道西风瘦马”的情境，还有西部民谣“走西口”式的悲凉。

这里当然不是“走西口”，但却是“走夷方”的最

初出处。自古以来，这条道上就流传着“穷走夷方富走厂”的说法，因为无论穷与富，走的路都是这一条。这些坚守边关的汉军的后裔，因生活所迫，要去“夷方”做工、采玉石。这些工作艰苦而危险，每年都有人被抬回来安葬，可他们仍然前赴后继，因为这是他们唯一可改变生活的希望。

这里是分界线，自古就有“关内”“关外”之分。“关内”，还是家乡；“关外”，则是蛮夷之地。对于当地人而言，这里还是标志性的道别之地，也是最后还能看到家乡的瞭望台。站在这里，故乡的小镇还在阳光下熠熠发亮，恬美而安闲，这和你那正在无忧玩耍的小孩给你的匆匆感受何其相似。然而，并非独自的承受却是加倍的痛楚——年轻的小伙，无钱迎娶心爱的姑娘，当着势利的准岳母的面，发誓一定要闯出一番名堂才回来。小妹只能远远目送哥到关门口，小伙则下意识地回头看了一眼，看见了目送他的姑娘远

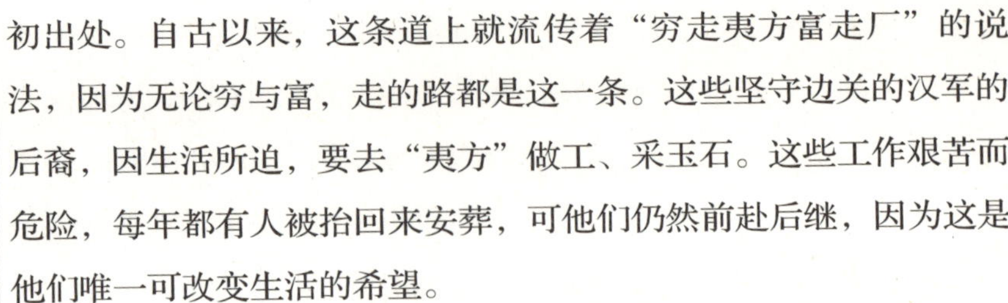

远挥动的红手巾，那时，他的双脚真是如戴镣铐。

至于远行者，残关，像一直对他们絮絮不休地诉说着马帮生活的孤寂，提醒将要面临的艰辛。对于所有的苦难者而言，它更像是一位有着怜悯心的慈祥老人、端给你茶水的老大娘，或是在小吃摊上给你多划两片油粉的大婶——至爱的关怀，这大概就是所谓的“古道热肠”吧。

站在拱门前，临江远眺，让风吹动白色的翅膀在峡谷间荡漾，想象大山的腑脏里那看不见的古道脉络如何延展。面

前，绵延的群山正气势磅礴地向东滚滚而去，狂暴的澜沧江，只是大峡谷中一条粉绿色的柔弱而闪烁不定的飘带。抬头，眩光中罗岷山的峦脉、突起，以及巨神般的身躯，遮住了视野，依稀点缀着一群飞鸟缓缓掠过的黑点，似乎近在咫尺。只是，“为雨疑天晚，因山觉路遥”，在漫漫长途即将开始之际，不是应该听它劝说，放下包袱，坐下来休息，放放马，喝点水，跟大伙说笑，解解烦愁吗？刚庆幸度过了博南山的荫翳险恶，前面又有陡立的“九转十八弯”、凿石穿云的“梯云路”，你需要直下直上，坠地千尺，又爬上云端，你那瘦弱的脚杆是否还撑得住？你还要越过那“织铁悬梯飞步惊”的兰津桥，一旦失手，将会尸骨无存。而这些，只是你艰险旅程的一个小站而已，因为，前面还有重重叠叠、万水千山的险阻、崎岖在等待啊！“觉路遥”，似乎也有一些禅意，因为“觉路”是佛教语，即“成佛之路”，那书写者也许是一位信佛之人，而这里又正是前往印度的“取经”之途，是他心中崇高的灵境。邑人杨某还曾为此写过一首诗：

心轻不怕梯云陡，
脚勤何惧关山高。
佛家行修亦如是，
自觉觉他乃释道。

历朝历代，行者马帮、饱学之士、官宦要员、落魄书生，包括这位“觉路遥”的作者，肯定也曾站在我所处的这块突出的岩石上，看过这不变的风景，并留下了自己的一部分。我忽然清晰地意识到了这一点，不禁有些激动，似乎时间和生命的意义就在于此。他们能看到什么？又悟出了什么？每个人思绪不同，境界各有差异，都有各自的理想，肯定能感受到同样的“遥”，但也会有不同的“遥”。如此看来，这还真是对我们每个人心灵很好的试探啊！

据说，原来拱门两面的字是“雄关耸峙”和“觉路遥远”，但

"雄"和"远"字不在了。是怎么失掉的？为何偏偏掉的是这两个字？自然还是人为？如果是人为，那又是谁有勇气这样做？无人回答。细心察看石刻的落款，书写者是嘉庆年间永昌府郡丞李文渊，他是永昌的文化名人，曾主编过《永昌府志·康熙版》，摩崖石刻上"金齿咽喉"四字，就是他所题。在持续的寻找中，我再次体会到身边历史的命运真是如影随形又难以捉摸，殊不知，这唯一确定的信息，却又带来了多少的不确定？在这个地形险要的用兵之地，这是它所属的那个王朝的最后一次修筑，但显然不是第一和唯一的一次。那么，它一共

❶❷翻越千山万水，到达这里却发现，更多更险的山在前方，于是无数走夷方的人们在这里突然“觉路遥远”

重建了多少次？又有多少次毁于兵燹？最初的碑刻又是什么？两翼的更高处是否延伸着巍峨的城墙？这些已经是狮身人面像一样的永久之谜了。也许，它就应该有多种的解读。或者，它就不该有答案，却又包含无限可能。

不过，去掉的两个字，从位置、印痕上还是大致看得出。“觉路遥”缺个字，“远”则是赘述，人们在称呼上早已习惯。而“关耸峙”前面那个修饰，到底是“雄”字还是“巓”字呢？虽然那些当地人、放牧老者全都信誓旦旦，却说法不一。但是，这里还可以引出更深的意味来，有一则寓言说：从不让任何猎物逃脱的圣犬，碰上了无论何人何物都无法追赶的山狐时，大神宙斯为这个难题做出了最具智慧的决断——他把它们都变成了石头。这不知什么原因失掉的字而引起的争议，难道还不满意这种天意的安排吗？

作为《博南谣》在今天的延续，“觉路遥”残关，这个整条古道经典形象的代表，如今风貌已大不如昔，正被慢慢侵蚀，危在旦夕，然而造成如此伤害的却并非一直追逐它的无情而可怕的时光。有一种观点认为：注定要消失的东西，反倒会真正存活下去。所以，也没什么可忧虑的。重要的是，它应该有一条线，而我们应做的，就是沿着这条线，不中断地走下去。

秘境宝台山

这是一座至今无人观其全貌的山，这是一座人类足迹还未能完全覆盖的山，因为整座山被 15 万亩原始森林紧紧地覆盖着。这座名为“宝台山”的山里有古寺，有“活化石”木莲花，它是天然氧吧，是生态游的最佳去处，它磅礴、巍峨，它幽深、神秘，它在等待着你来探险，等你来揭开它神秘的面纱。

2015 年 7 月 1 日中午，永平县宝台山金光寺 3 名僧人像往常一样，沿着熟悉的林间小路，陪外地一对夫妻游客，从金光寺出发，进入宝台山原始森林游览观光。一行 5 人在丛林里边聊天边观景边拍照，不知不觉中，竟在丛林里迷了路，直至第二天 16 时 30 分，才被当地政府组织的搜救队找到。

关于这件事的新闻在当地媒体播出后，原本就神秘的宝台山，又在人们的心头增加了几分神秘。宝台山，究竟是座什么样的山？

《旧云南通志》载：“博南山，在永平县西南四十五里，一名金浪巅，俗讹丁当山……分东出一支为花桥山……其正支，自博南山蜿蜒南行，东折起为宝台山。”该记载说明，宝台山属博南山的分支，地处纵贯永平县博南山的南段，因其山形酷似莲花，且山上分布有“佛种灵苗”、第四冰期遗

宝台山景点之一，洗身池

留物种“木莲花”，此山又名“木莲花山”。1994 年 3 月，省政府确定宝台山为省级自然保护区；2005 年 12 月 23 日，国家林业局正式批准设立宝台山为“云南宝台山国家级森林公园”。

此山在滇西地区乃至全省都颇有名气。“余至省，即闻此山之盛”，明代著名地理学家徐霞客曾于崇祯十二年（1639 年）游历宝台山，这是他对宝台山的第一印象。从这样的记述中可以看出，宝台山在明代时，就享誉省内外了。而这一切都因在宝台山的原始森林深处，有一座由皇室后裔出家的僧人建造的寺庙——明朝山西太原府晋王嫡裔、俊王之子朱铸成，于崇祯戊辰年（1628 年），燃二指开宝台山，创建了金光寺。

如此说来，宝台山，是借了金光寺之名而有名的。确实，跟绝大多数游客一样，我对宝台山的印象，也就是那几个屈指可数的与金光寺有关的景点：寺院、金屏室、洗身池及塔林，而主峰之巅、

云南国家森林公园、省级自然保护区——永平宝台山

仙鹤抱蛋、十六个堆子、宝台日出和日落、木莲花植物群落等景观，都只是见过景区的指示牌，并未能、未敢亲临实地观瞻。这又是为何？

原因很简单。因为宝台山整座山都被15万亩原始森林覆盖得严严实实。部分区域，除了鸟兽，至今还没有人类的足迹印上去，仍是绝境和净土。这15万亩原始森林就像一块天然的屏障，阻隔了多少游客和香客的脚步，又像一块神秘的面纱，蒙蔽了多少双渴望一睹宝台山真容的眼睛，掩盖了多少不为人知的真相。

宝台山，至今仍可算永平县境内的一处秘境之地。

被当地人称为“大顶”的宝台山主峰最高海拔2913米，而宝台山的最低处在澜沧江边，海拔仅1120米，整座山高差达1793米。主峰四周，千沟万壑，地形极为复杂，相似地形

❶ 三月野山茶

❷ 宝台山的古杜鹃

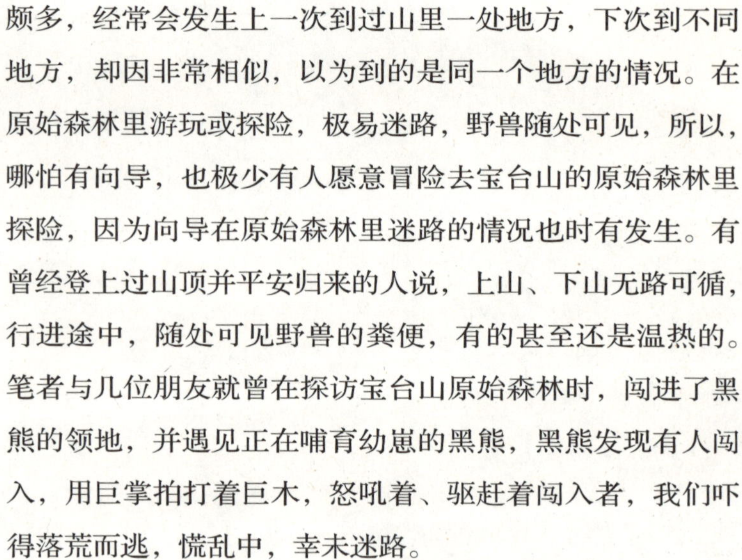

颇多，经常会发生上一次到过山里一处地方，下次到不同地方，却因非常相似，以为到的是同一个地方的情况。在原始森林里游玩或探险，极易迷路，野兽随处可见，所以，哪怕有向导，也极少有人愿意冒险去宝台山的原始森林里探险，因为向导在原始森林里迷路的情况也时有发生。有曾经登上过山顶并平安归来的人说，上山、下山无路可循，行进途中，随处可见野兽的粪便，有的甚至还是温热的。笔者与几位朋友就曾在探访宝台山原始森林时，闯进了黑熊的领地，并遇见正在哺育幼崽的黑熊，黑熊发现有人闯入，用巨掌拍打着巨木，怒吼着、驱赶着闯入者，我们吓得落荒而逃，慌乱中，幸未迷路。

宝台山 15 万亩原始森林以亚热带常绿阔叶林为主。走进林海，处处巨树参天、古木横陈、藤萝交缠，密枝繁叶遮天蔽日，在昼犹昏。据 1989 年的森林资源调查，区内有各类植物 1001 种，属国家重点保护的珍稀植物有 15 种，列入国家一、二级保护的野生动物达三十多种。各类植物中，许多品种为宝台山特有，如滇藏木兰（木莲花）、水青树、楠木、云南枫杨等，其中，马边槭、苹婆槭、藏川杨 3 种植物刷新云南省物种记录。整座宝台山，就是一个天然的野生植物园。

1

可据笔者了解，宝台山上的物种远不止于上述的统计数字。由于绝大部分区域人迹罕至，甚至从未有人涉足，比如，红豆杉、金丝楠木等树种，以及爬行类动物等都未被统计进去。可想而知，宝台山的茫茫原始森林里，不知还生存着多少物种，还埋藏着多少不为人知的事物。加之，澜沧江从宝台山南麓流过，宝台山西南、南两个方向被江水环绕，东南有支脉绵延数十里，其上也是茫茫林海，上述三个方位均属无人区，东北方向是博南山支脉——狮子山，同样为茫茫林海，少有人居。进入宝台山，唯有山之

2

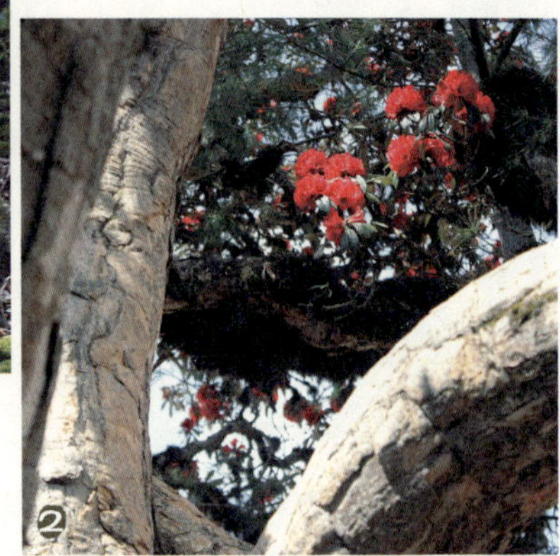

北麓一途，正如桃花源里“山有小口”一般，此途成为进入宝台山的唯一通道，这就为探访宝台山增加了许多难处。所以，多年以来，宝台山一直“藏在深闺人不识”。

近年来，由于当地政府加大投入，宝台山景区各种基础设施得到逐步改善，2012 年，宝台山修通了柏油路，到景区游玩的游客数量逐年增长，“清静宝台”逐渐变得喧嚣起来。不久的将来，覆盖在宝台山这片秘境之上的神秘面纱，可能因为进一步的开发而得以揭开，蒙在宝台山上的神秘之雾也将渐渐消散，神秘的宝台山将张开它的怀抱，迎接更多探寻它的人，最终变得不再神秘。

那时，到宝台山原始森林游玩或探险的你，可以通过旅游栈道轻易穿过原始森林而不会迷路，可以通过攀登石梯而顺利到达山顶，可以轻易看到宝台的日出和日落，可以随意露营，随意观赏第四冰期遗留物种——木莲花植物群落，随意在这天然氧吧里遨游。你可能会在不经意间，在茫茫林海里发现一株史前植物，或偶遇一只从未被记录过的动物，你会猛然在某处寻得一处悬崖洞窟，窟内有坐化僧侣的舍利子，崖壁上雕刻有古经，画有神秘的壁画，或撞见一座只剩塔基的残破佛塔。甚至，你会在原始森林里，遇见新的自己：一个变得干净，变得透明，变得原始、纯粹的自己。

❶ 宝台山森林中的原始荒野气息

❷ 博南山的古杜鹃

古弥勒道场——金光寺

置身金光寺，无尘的风、无声的湿度、无温的阳光，组合成无欲的空气，会包裹、浸润每一个来访者。在这里，耳朵、眼睛、鼻子、口腔，每一个毛孔、每一寸肌肤都可以被动、慵懒、超凡地感受莫名的隽妙；在这里，你的五脏六腑乃至经络骨骼，都会脱俗般平静；在这里，你有足够的时间去专注一朵花的开放，可以捕捉一片树叶飘落的姿态。金光佛地，让上岸的、不上岸的，都无边空灵。

始终向南流去的国际河流澜沧江，在云南大理与保山的交界处，突然拐了一个大弯，向西北流去了数十里后才折回继续南走。就在整条澜沧江这个绝无仅有的环弯下游之处，怀藏了一块清净佛地——永平县金光寺所在地。

金光寺，位于永平县西南部的宝台山中，该山距离永平县城 63 公里，距大保高速曲硐出口 50 公里、杉阳镇黄连树出口 40 公里，是博南山在蜿蜒南行的过程中，向东折起形成的山峰。金光寺虽小，可在世界地图上可以有一个坐标式的地理位置描述：南北流向的国际河流澜沧江，与东西走向的古代国际通道西南丝绸之路“博南古道”相交，形成四个夹角，东南方的夹角区就是金光寺所在地。

千万年来，宝台山安然于桀骜不驯的澜沧江畔，以佛祖弥勒的坐姿，俯瞰着远离尘世的寂静与洁净。直至如今，这

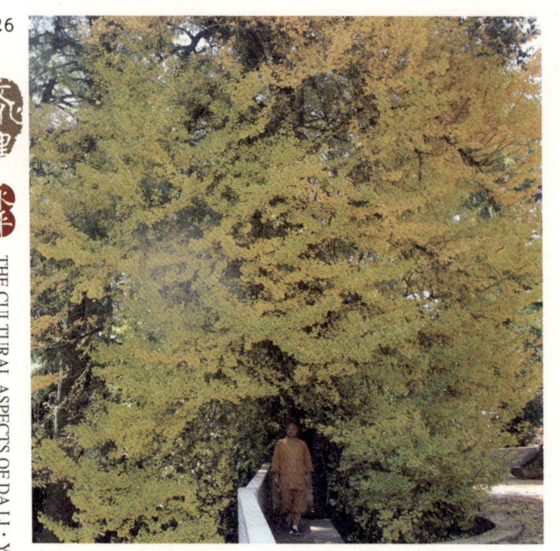

里依然保持有15万亩的原始森林。这里常年林海浩瀚、四季云蒸霞蔚，天、地、万物在这里成为一体，风、水、灵气集散自如；这里的第四纪冰期的古老岩层地质、繁盛的植物花卉，在无声地昭示着数万年的生命轮回。

也许是大山大河的气脉灵场，成就了宝台山，使宝台山缘聚了开上树的木莲佛种，缘聚了现于青黄紫白间的金光寺佛光，缘聚了《佛经》里载的佛祖弥勒古道场。这一山、一寺、一花、一佛，让宝台山与宾川鸡足山、剑川石宝山、祥云水目山一起成了大理的四座佛教名山，享誉滇西。

一、立禅祖师缘结宝台山

明朝山西太原府晋王嫡裔、俊王之子朱铸成于崇祯戊辰年（1628年），燃二指开宝台山创建了金光寺。

据现存于宝台山金光寺埜山和尚碑铭记载，朱铸成是在与伉俪赏鱼观景的世俗生活中，顿悟人生无常，并得到出家征兆。他于万历辛卯年接受卢牙山云寺大法和尚剃度，后曾参谒陕甘泉山、终南山，住静龙潭“誓背燃百灯诵法华经百部”，后“乃往少林参彻天和尚，数日不睹，树下立禅四十余日，号曰立禅，名震少林”。故诸多典籍记载的金光寺开山祖朱铸成立禅祖师，其“立禅”法号

禅韵秋深

应该是在少林寺得赐。

至于立禅祖师为什么来到宝台山开山创寺，金光寺保存的碑文以及《永昌府志》《徐霞客游记》《埜山语录》都记载了一个相同的故事：已在山东堕小指燃灯落成兖州普济寺、颇有些名气的立禅和尚，在湖广一带传道时，遇到了永昌宝台僧人破尘师，破尘师传："永昌宝台，古弥勒道场，树开莲花，猿啼佛。"立禅祖师欣然南访。初到云南昆明就燃食指募造了万佛塔。后到了楚雄时逢大旱，因誓愿烧身请雨，甘霖立注，于是又燃中指募开紫顶寺。最终立禅师云游到了辖属永昌的宝台山。这里密林、山泉的清幽洁净让他产生顿悟更深，甚至有些自愧自己原有的心知心觉，于是焚所剩二指开山创寺。在大殿落成时，忽然有金色光芒瑞兆宝台山，故取名为"金光寺"。现悬挂于门庭之上的寺名"金光寺"匾额，是 1932 年 2 月，时任云南陆军第二师师长兼节制迤西文武官员的李根源题写的。

金光寺经过立禅祖师数十年的苦心打理，到了明朝末年，寺院已有僧房五十余间，僧尼两百余人。并以金光寺为中心，建起了永平范围内的清静庵、性华寺、西山寺、石碑寺等九庵十八寺。整个杉阳坝子数千亩水田都成为金光寺的寺产。方圆十里内钟鼓之声回荡不绝，常年四季香客络绎、香火旺盛壮观。尤其在永昌府的人们心中，天下寺宇莫比金光寺，金光寺庇佑至尊至上、灵验无比。直至今天周围群众及保山的很大一部分信徒都还称金光寺为“大寺”。在《宝台山金光寺埜山和尚碑铭》中也记述道：“宝台胜景，实为金齿祈园地。”金齿即旧时的永昌、今日的保山。

“明末滇变”，江山易主。立禅担心自己晋王嫡裔的身世会给金光寺招来浩劫，在他 83 岁的时候，40 余天不进粒米，坐化于金屏室。明代高僧担当题写了室门上的“金屏室”三字。他被“金屏室”的明洁、清幽景观所折服，还曾题下了“青黄紫白之间此屏忽然金色；东西南北之上古刹独占中峰”的对联；室前厅柱悬挂的“此山在猛虎穴中谁人敢伽斧凿；老僧是神龙嫡嗣领众呼遣人天”一联，则由立禅老祖师生前亲自撰书。

现在，金屏室成为金光寺较为有名的景点之一，位于金光寺东南大约五百米的地方，位置比金光寺高。室后高山耸翠，犹如展开的一道绿色屏风，屏障了世间的所有嘈杂喧嚣，留给了结缘宝台的有心人一目佛地。室前的两棵百年云南松，奇迹般顺开了繁生茂长的树藤竹草，竖起一道无限开阔的大门，游人立于此处，整座宝台山的春夏秋冬四季尽收眼底。

二、金光禅寺之深蕴丰藏

明崇祯十二年（1639 年），也就是宝台山开山创建金光寺 11 年后，著名地理学家、旅行家徐霞客到了云南，就因为“余至省，即闻此山之盛”（《徐霞客游记》之滇游日记八，下同），所以慕

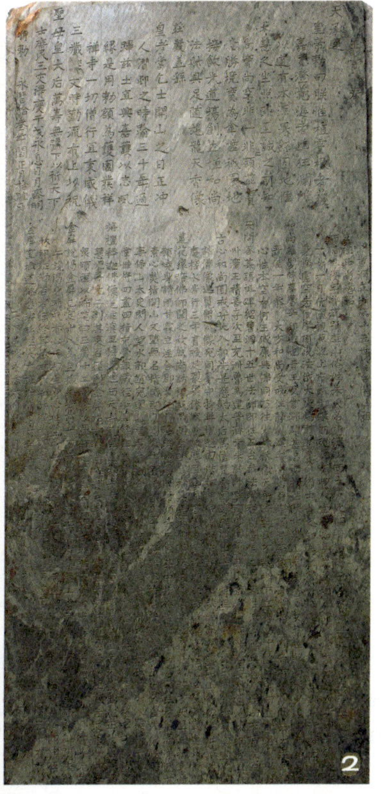

名寻访了宝台山。虽然他来到宝台山的时候，立禅祖师东游请藏去了，二人无缘谋面，但徐霞客还是对寺庙、山势、水流、灵脉进行了翔实的记载、描述、分析。关于金光寺，他描述道：

> 寺创于崇祯初元，其先亦丛蔽之区，立禅师寻山见之，为焚两指，募开丛林，规模宏敞，正殿亦南向，八角层甍，高十余丈，址盘数亩。

关于宝台山的山势水向，他在游记中精准地描述道：

> 溯澜沧江北岸而西行，为宝台南郛。
>
> 其脉自东北圆穹之顶，层跌而下，状若连珠，而殿紧倚之。
>
> 其内水（倒流河）两重，皆西转而北出，其外大水（澜沧江）逆兜，独南流而东绕。
>
> 两水一内一外，一去一来，一顺一逆，环于山麓，而山之南支又中界之，自北自南，自东自西，复自南而北，为宝台之护，此又山水交潆之概也。
>
> 山外大江虽来绕，而无此障之则旷，山内深峡虽近环，而无此夹之则泄，虽前压如面墙，而宇内大刹，如少林之面少室，灵岩之面岱宗，皆突兀当前，而开拓弥远。

这般描述，好似站在万米高空，揭示了南流的澜沧江，在这里西拐东回的奇特地理景观，也揭示了杉阳“倒流河”名称的由来。同时，在这些字里行间，无不透露出宝台山水来脉的宏大空阔、灵动佛性。

宝台山佛场的巨大灵脉，注定金光寺的佛性沉淀必须经

❶ 金光寺大殿明代雕花格子门

❷ 开山祖碑铭

过无数磨难。开山祖师立禅为避金光寺遭遇改朝换代带来的浩劫，坐化凡体肉身的故事，在三百多年的时间里不断重演。

20 世纪四五十年代，社会动荡，马锅头出身的金老八在复杂的局势下，成为金光寺主持，当地人称他“金当家”。金当家以混迹江湖的性格斡旋于各种势力之间，使金光寺在乱世之中仍然香火旺盛、四方来拜。其中就因应付土匪势力邀请，参与了成立“亦龙县”的仪式，最后担心此举祸及金光寺，吞金了断尘缘。

新中国成立后的金光寺住持为寂安大师，据传她长年四季都是佛面洋溢。哪怕金光寺许多传世之宝，比如数尊铜佛像，5 吨重声传十里的大钟，底五寸边一寸二分厚，且漏沙不漏水、奇大无比的大锅，吊于大殿正中的夜明珠，房屋建筑等先后遭劫，寂安大师总是慈眉善目地面对那个狂躁时代的狂躁者。她用内心的大慈大悲感化超度着那些破坏一切的扭曲心灵，使得金光寺在这次劫难中保存了部分珍贵文物。其中就有明代转轴浮雕通花门 28 扇。乱世之中，寂安大师拆下这些殿门，埋于土中。破坏者碍于寂安大师的慈眉善

目，没有深究，使我们今天能够一睹其精彩风貌。

直到改革开放的春风吹拂到宝台山的时候，寺庙也不乏面临彻底毁坏的祸端。20 世纪 80 年代，为了保护宝台山的原始森林，要建设保护区管理所，有人提出将保护区管理所建在金光寺的建议。主持圣明以身相护，与时任县长反映：管理所动工之日，就是她圆寂之日，还请把她埋于管理所地基下面，誓与金光寺共存共亡。时任县长听后，认为人命关天，让相关部门另选管理所地址，这样金光寺躲过最后一劫，其佛地才得以完整地保存下来。

这就是沉淀。金光寺 35 代主持，经过无数次磨难，让佛脉代代承袭，沉淀了金光寺及其周边地区深厚、丰富的佛教文化。其保存下来的部分建筑、文物无不在昭示历史上金光寺的鼎盛。

金光寺藏经丰富、文物众多。尤其值得一提的是大雄宝殿和偏殿的 28 扇三层透雕花门，全部都是明代原物，保存十分完整。雕工精细、刀法娴熟、构思精巧，不仅雕刻有各种栩栩如生的珍禽异兽、奇花异卉，还有一些完整的佛经故事。大殿通面镂雕门分为五樘，厚度都在 6 至 10 厘米。中樘 6 扇，高 316 厘米、宽 440 厘米。紧挨中樘的左、右两樘各有四扇，高 316 厘米、宽各有 268 厘米。最边的两樘也各有四扇，高 274 厘米、宽 264 厘米。蹊跷的是中樘与紧紧挨着的左右樘高度尺寸相同，但从视觉上，中樘要高大恢宏一些。笔者通过仔细观察，原来，是门槛垫高了中樘雕花门，让人错觉中堂更加高大。紧挨中樘的左右樘上半部分，分别有《录弥勒章》《时息梵偈》两段文字门偈。

新世纪以来，金光寺内的大雄宝殿、天王殿、偏殿、山门、钟楼、鼓楼、夕照亭等建筑先后得以修复、重建。整座寺院在宽心法师等四名常驻僧人和十几名居士的修守下，逐渐恢复了昔日钟磬远布、香火长燃、功课戒律无一落下的深

山佛地景象。

金光寺在《佛经》中载为“大清莲花弥勒道场”，也被古人唤作“清净宝台”，其原因可能与澜沧江、横断山的来龙去脉，与这里数万年的原始状态以及原始生态中许多生命奇观有密切关系。早在1988年，这里就被批准为州级自然保护区，1994年被批准为省级自然保护区。

由于保护区很少有人类进入，区内动植物繁衍，生息活动保持极高的自然度，形成了一个天然的植物园和天然的动物园，也是一个宝贵的动植物基因宝库。许多濒危的在其他地方难得一见的珍贵植物，在宝台山却能成林整箐地存在，成为奇观。就是许多普通的树种，也会凭借数百年、上千年不被打扰的生存时间，长成宝台山特有的古物风景。

《立禅和尚语录》中，有一段描写宝台山景色的文字：

> 台山宝物，非俗子轻易识之，百鸟谈经，青猿念佛，春暖树吐莲花，夏薰竹交玉笋，秋冬二季，桂梅斑竹芬菲，野樱山茶馥郁。

的确，置身于金光寺，无尘的风、无声的湿度、无温的阳光，组合成无欲的空气，会包裹、浸润每一个来访者。在这里，耳朵，眼睛，鼻子，口腔，每一个毛孔、每一寸肌肤都可以被动、慵懒、超凡地感受莫名的隽妙，五脏六腑，乃至经络骨骼，都会脱俗地平静。

于是在这里，天下已然无大事。你可以有足够的时间去专注一朵花开放的过程，你可以捕捉一片树叶飘落的姿态。反正古寺的钟磬声、林海中虫鸟的啾鸣声，都会为你和起不紧不急的节拍。至于手机或者其他尘事，可以用心灵将其屏蔽。

金光佛地，就是如此的仁心仁义、大慈大悲，如此地超度人世的一分一秒，让上岸的、不上岸的、回头的都无边空灵。

“古弥勒道场”的由来，大致如此罢了！

桂花香樟长成的山门

永历帝梦断博南山

永历皇帝是最后一位大明天子，他做中兴明室的梦做了十多年，几经起落，还是没能实现。他最后寄托这个梦想的地方，就是永平县境内的博南山。因为博南山，永平人民把永历皇帝梦断博南山的历史口口相传，赋予永国寺传奇的色彩，永国寺成为一个佛性与帝王之气交融的圣地。

“年年一到冬春日，万朵争夸玛瑙茶。”这是一位游人赞美永平永国寺茶花的诗歌。永国寺内种植的两棵茶花，相传为南明永历皇帝和晋王李定国留在永平的九蕊十八瓣珍品，是永平的传世名花，至今已近四百岁高龄，其身上的历史意蕴，深受众多文人雅士青睐。白族文化名人赵藩也曾写过一首脍炙人口的诗歌《永国寺》：“宁西禅寺当官道，寥落惟余竹柏邻。社屋久遗明帝憾，榜书如写晋王真。山茶自是前朝树，铜佛谁为造像人？座上拈花应一笑，眼中沧海又扬尘。”诗歌在追思历史中，重提了永历皇帝在永国寺留下的铜佛、山茶，似乎也表现了永历皇帝复国失败的遗憾。

1646 年，明隆武帝朱聿键在福建汀州被清军俘虏，随即被害。按照明朝的继承制度，皇位应该由明神宗的直系男性后裔继承。而当时明神宗的男性后裔只剩下朱由榔一人。十月初十，朱由榔称监国于肇庆。十一月十八日宣布即皇帝位，改第二年为永历元年

博南古道上的永国寺

（1647 年）。永历皇帝登临帝位，延续了明朝的统治，延缓了明朝的灭亡。同时，也让他在群臣的拥护下，萌生了重拾江山的梦想。其实，这对于时势来说，称得上是“逆流而上”。清军势强，明军势弱，局势已经明朗。果然，十二月二十六日，永历朝廷兵败，离开肇庆，逃入广西。在“三十六计，走为上计”的策略中，永历皇帝大失人心，而他重拾江山的梦想，更加虚幻不实。永历皇帝，也被一些人加上了“走天子”的称谓。

1648 年，许多明朝遗军和农民军高举反清复明的大旗，推动了全国性的抗清斗争走向高潮。永历政权控制了包括云南在内七个省的不少地区，永历皇帝重拾江山的梦想得以延续。遗憾的是，永历皇帝没有利用好这一有利形势，永历小朝廷内部矛盾重重。1656 年三月，永历皇帝在清兵的强猛反

攻下撤到云南，改昆明为滇都，暂时偏安一隅，继续做着中兴明室的梦。1658 年，清军三路入滇，晋王李定国护着永历皇帝从昆明逃离。因为李定国率领的大西军在云南期间，爱惜民众，所以滇中地区不愿意降清的数十万民众，自发跟着他们向西撤退。在李定国和数十万军民的支持下，永历皇帝的梦想仍未破灭。

1659 年正月十五，永历皇帝大队人马到达永平，在博南山上定兵扎营。李定国在永平民众的支援下，凭着博南山的险要地形，依山布阵，与追兵激战，并取得了胜利，歼灭清兵无数。君臣二人获胜一场，得以安身养息一段时间。

博南山北部有一关隘，被明朝状元杨升庵称之为“叮当关”，被诗人谢式南描述为“汉关”。这是因为，汉明帝刘庄把这里作为一个南方重要的关隘来经营，设置博南县，并驻兵把持。后来历经王朝数代，有许多战争在这里发生。这里不但是博南古道上最重要的交通要道，也是历来兵家必争的军事制高点。

博南山上的“宁西禅寺”始建于明初，就是永历皇帝和李定国当时的栖身之地，见证了这段鲜为人知的历史。在这里，君臣二人似乎从叮当关的险要地形上，看到了一丝重拾江山的希望；似乎在高山之巅俯瞰大地众生时，顿悟了指点江山之外的禅意；似乎在深山甘醇的茶味熏染中，懂得了君臣关系之外友谊的绵长、珍贵。在博南山上，永历皇帝与李定国结下了一段君臣之间难得的生死与共的友谊，留下了一个地名、一个寺名、一个大铜佛像、两块匾额、两棵茶花。在一场激战中，永历皇帝走失，李定国率将士四处寻找，后人把他找到永历皇帝的那道坡叫作寻王坡，一直叫到现在。永历皇帝又取永历之“永”字、李定国之“国”字，改宁西禅寺为永国寺。君臣二人还捐资铸成一尊大铜佛像，并题写了“宁西禅寺”“毗卢宝座”两块匾，并在寺内种植了两棵茶花。能够把君臣二人的名字并列在一起，为一座寺庙命名，千百年来绝无仅有。从中可以看出，永历皇帝和李定国之间，已经超出了君臣关系，升华为患难与共的深厚友谊，永国寺就是他们友谊的见证。

1659年12月，就在李定国舍生死忘与清军决战的时候，永历皇帝趁着夜色的掩护逃跑了，一直逃到了缅甸。从此君臣分离，永历皇帝光复明室的梦想彻底破灭，他自己也意识到，“明朝再没有中兴之日了”。永历皇帝是最后一位大明天子，他做中兴明室的梦做了十多年，几经起落，还是没能实现。他最后寄托这个梦想的地方，就是永平县境内的博南山。因为博南山，永平人民把永历皇帝梦断博南山的历史口口相传，赋予永国寺传奇的色彩，永国寺成为一个佛性与帝王之气交融的圣地。

据传，永国寺虽然地处偏僻边远的西南边疆，但是当年香火鼎盛，主要是因为寺内的大铜佛远近驰名。《云南概况》中李孝友先生的《永平永国寺篇》记载：“永国寺在博南山腰，前后五进，栋宇崇隆，檐牙高峻，殿墀宽大，廊槛回环，寺庙不仅以宽阔雄伟著名，特别引人瞩目的是寺内一尊大铜佛像。永国寺的正殿，有屋三楹，既高且宏，可与昆明的圆通寺相媲美，殿上塑接引佛一尊，全系铜铸，高度超过二丈，与丈八金刚相较，实过之而无不及，佛身站于莲台上，单脚就有三尺多长，莲台宽六七尺，高四尺多，都用铜铸，莲台涂以彩色，佛像全身贴金，相传曾熔化生铜二万余斤，由此可见当时云南的冶炼技术已达到相当高的水平。”湖南高僧虚云和尚曾经云游至此，他在游记中称道说：“此佛像为中国第一，以任何名山古刹，无一处有此佛庄严之金身。”可惜的是，这天下第一的大铜佛，在1958年大炼钢铁时被破坏了。

永历皇帝已经成为过去，他的梦想也早就烟消云散。如今，永国寺衰草萋萋、断壁残垣，一派颓废之象，只有两树冬日绽放的茶花在年复一年地呈现来自于远久的一抹红色……

❶ 连绵博南山

❷ 古茶花

佛种灵苗木莲花

当地群众尊称木莲花为“佛花”，也取谐音“福花”，他们说：“看到一枝木莲花开，是你的运气；看到一树木莲开，是你有福气；如果你的运气加上你的福气，再加你有一颗佛心，你就会看到满山遍野的木莲开花。”

佛像，多在莲台之上，因为莲花代表了佛的清净、庄严。永平宝台山上的木莲花，却是开在树上的莲花，有“佛种灵苗”的美誉。

永平宝台山最高海拔 2913 米、最低海拔 1130 米，地理位置密闭，气候环境复杂，物种资源丰富，至今还有原始森林 15 万亩，是一个宝贵的动植物基因宝库。许多地方难得一见的珍稀植物，在宝台山却能成林整箐地存在，成为奇观。就是许多普通的树种，也会凭借数百年、上千年不被打扰的生存时间，长成宝台山特有的古物风景。在天地灵气的造就下，宝台山被誉为“清净宝台”，山上的金光寺被誉为“大清莲花弥勒道场”。

宝台山金光寺现存《立禅和尚语录》中，有一段描写宝台山景色的文字：“台山宝物，非俗子轻易识之，百鸟谈经，青猿念佛，春暖树吐莲花，夏薰竹交玉笋，秋冬二季，桂梅斑竹芬菲，野樱山茶馥郁。”在这里，动植物的繁衍生息保持着极高的自然度，缔造了一片人与自然和谐相处的佛国净土。而木莲花，就是这片净土的灵魂。

木莲花，即滇藏木兰，是国内目前发现的第四冰期幸存下来的古老植物，是最珍奇的冰期花卉之一，被植物学家誉为植物中的“活化石”。木莲花树枝干挺拔、粗壮，树皮灰色，花序为宝塔形圆柱，花瓣、花色均与莲花极其相似，幽香淡雅的气息，清秀端庄的形象，高贵圣洁的精神，直逼人的感官，这大约就是人们叫它木莲花的缘故。

宝台山的主峰名为大顶，周围大大小小的山峰蜿蜒衔抱、紧紧簇拥，形如一朵精巧别致的莲花，加之密林深处生长有完整的木莲群落，故被称为木莲花山。宝台山的木莲花，分为杜氏木莲和蔛氏木莲两大种类，花色粉红或朱红。明代曾有过黄、蓝、褐色的，可惜现在已经绝迹。著名地理学家徐霞客在崇祯十二年（1639 年）二月考察宝台山时，恰逢木莲花盛开，他在《滇游日记》中详细记载了他的所见：“南山如屏，高穹如面墙。其上多木莲，树极高大，花开如莲。有黄白蓝紫诸色，瓣凡二十片，每二月则未叶先花，三月则花落而叶生矣。”每年农历二月中旬到三月底，木莲花竞相开放。四月上旬，花瓣凋落，开始抽叶。其果实聚合蓇葖，呈球果状，卵圆形，紫红色。每果约有籽种十余粒，中秋节前后成熟，但采收极为困难，多被松鼠吃掉，繁殖极不容易。

木莲花不但对研究植物进化和地质科学

有着较高的参考价值，而且是美化庭院的理想花卉。早在19世纪中期，英国人约瑟夫·胡克和托马斯·汤姆森就向欧洲介绍了这种华丽的树木，被认为是“所有木兰属植物中最高贵美丽的树木”，吸引了无数欧美的植物猎人纷纷前往中国西部寻找。1904年，乔治·福雷斯特成功将其引种英国。

大理白族民间流传着许多关于上关花的传说，其中记述着一段唱词：“天下地方哪个好？大理是个好地方。风花雪月四个景，为首木莲花。”经中国科学院昆明植物研究所冯国楣教授等专家确认，上关花就是木莲花。木莲花对环境要求极高，曾经在大理上关消失。1994年第1期《云南林业》登载的《上关村种植了上关花》一文记载：“为了改变这一历史现状，上关村公所结合开发绿化上关溶洞，于今年4月，从永平县金光寺购来20株扦插成活的木莲花树苗。在今年夏季植树造林中，他们趁雨水下地，土壤湿润的有

❶❷❸ 原始森林内第四纪冰期花卉木莲

2
3

雨后木莲

利时机，在加紧绿化荒山的同时，种下木莲花，从此结束了上关花无处寻觅的历史。”

一些资料显示，滇藏木兰，在西藏吉隆县也有分布，藏语名为边玛塔布吉，含义为活佛手植，其中寓意昭然若揭。

木莲花，并不是专美于永平，但在永平人的心里，永平宝台山，就是木莲花真正的故乡和归宿。宝台净土，禅意盎然，金光寺僧众在山门前种下四棵不同颜色的木莲花，一棵同属木兰科的绒叶含笑，意蕴莲花五色，佛性十足。当地群众尊称木莲花为“佛花”，也取谐音“福花”，他们说：“看到一枝木莲花开，是你的运气；看到一树木莲开，是你有福气；如果你的运气加上你的福气，再加你有一颗佛心，你就会看到满山遍野的木莲开花。”这种说法与木莲的生长特性有关。木莲幼年耐阴，成长后又喜阳光，喜温暖湿润的气候，及深厚肥沃的酸性土，要在适当的温度、湿度、光照条件下才能开花。即便是一棵木莲花树，因各枝杈间的温湿光照不同，也不会同时开花。所以开满一树木莲花的景象很少见，几棵或者一片木莲同时盛开，那就是奇观了。

不过，如果太过着意木莲花的美丽高贵，反而找不到它的本质。正如佛家经典《金刚经》所说：“凡所有相，皆是虚妄。”木莲花何时诞生，何时消亡，何时开放，何时凋谢，本是一切随缘，无心无念。世间的人看世外的花，不如学一学佛经，“应无所住而生其心”。到了宝台山就一切随缘吧，也许就在一瞬间，凡俗之人也会有花开见佛的机缘和感悟。

元梅千载艳

“阅历风霜，问尔几生修到此？传来锦绣，有谁千载艳如斯？”在七百多年的世事变迁中，她静静地开、静静地谢，枝不言，花不语，历经岁月的风刀霜剑，穿过时光的洪流巨涛，仍然风骨傲然，美艳如斯！

古驿站，名“花桥”，驿外没有断桥，只有一古寺，寺内有古梅。

古驿站，古寺，古梅……原以为，在走进花桥的那一刻，如此种种蕴藉在古诗词中的纯美意象，会以一幅浑然天成而古朴意味十足的国画的形式，在我面前铺展而开。终于见着古梅后，才知道，古驿站早已变成一个充满现代气息的小镇，古梅也不在古寺里，而是栖身于一所小学。与乡里人打听得知，小学校址原为古寺前院，后来改造为小学，古梅就从寺中分离出来了。

正遗憾时，乡里人却带来一个好消息：以保护博南古道及周边文物为目的的“博南古道博物馆”正在规划建设中，古梅树也在保护之列，闻言，我竟长长地舒了一口气！

熟悉古梅的乡里人说，古梅为元代所植，近八百岁，几

经风霜，数历荣枯，幸得古寺僧侣及周边居民悉心照顾，仍存活至今，并有越长越盛之势。走上前去，直面这来自古代的精灵时，我被她的外形、精神、气质、傲骨深深地震撼了！其根部直径近一米，出土尺余，便如长期囚禁的虬龙一朝重获自由，分五六枝，怒而破空，然未得舒展数尺，又遇阻隔，无奈折回，迂回蜿蜒，左冲右突。最终，形成树冠高约五米、直径约十米，屈曲盘旋、纵横交错、错落有致的伞状造型，整株梅树就是一个雄浑而不失娟秀、豪放而不失婉约的巨型盆景。经岁月的大手用风刀霜剑精雕细刻，从根部起，主干部分树皮皆枯朽陈腐，甚至，局部树皮已脱落，树心外露，呈枯败状。枯皮之上，满覆苔藓，阴凉处，青绿而潮湿；向阳处，紫灰而干燥，色泽多样。花开时节，苔色花色相映，古朴而

清新。枝干扭曲处、拐折处，处处疤痕畸节。枯皮、苔藓、疤痕，如耄耋老者口中的语词，缓慢，沙哑，沧桑，诉说着不为人知的旧闻往事。而累累疤痕处，偶见新芽嫩叶吐出，又让人惊喜顿生。

乡里人娓娓描述，把我带进想象的世界：寒冬时节，万物凋零，她怒放满树繁花，散发淡淡幽香，傲然斗霜雪，任由群芳妒。至初夏，树冠之上，青色嫩枝密密麻麻，延伸，交织，绿叶洋洋洒洒，旺盛的生命力如瀑布一般，从树尖倾泻下来，青梅随意点缀其间，如翠珠，诱人垂涎。

如此看来，古梅在学校的小院里，并未失了精神，也未丢弃气质，虽离了古寺，她照样能成诗，照样能入画，照样风骨傲然。毕竟，她已静静伫立了数百年，静静修炼了数百年，在她眼中，凡俗乡野与清幽古寺，或早就无分无别了！

古道元梅

站在小院中，隐约可闻古寺里有梵音清诵，若有若无的檀香香味儿也不时地飘过来。此音，此味，此梅，让我的灵魂颤动不止，让我几度失神，恍惚中，古梅浑如一绝色女子，一袭素裙，撑着油纸伞，合着一阕古词的舒缓节拍，沿着博南古道，从元代踽踽行来。终于，她的身影停留在永平县博南镇一个叫“花桥”的小村子。无数人慕其美名，蜂拥而来，围着她，观赏，赞叹，合影，夸张的语言，忙碌的手脚，喧嚣而浮躁，而古梅只是静静地开、静静地谢，枝不言，花不语，似看透万物，又含淡淡愁绪，似参悟一切，却仍不舍红尘。“阅历风霜，问尔几生修到此？传来锦绣，有谁千载艳如斯？”乡人窦居炎为其所作的对联，浓缩了所有认识古梅、关注古梅、敬畏古梅的人们的慨叹：一株古树，一个生命体，要承受住多少次春风秋霜的洗礼，跨越多少道荣枯病变的坎坷，需要多么坚强的毅力和勇气，才能穿过漫长的岁月的阻隔，抵达今日？又如何做到忍受千载孤独，穿过漫长时光洪流的冲刷抵达今日之后，仍然精彩绝伦、神采奕奕、美艳如初？

唯此古梅罢了！

而相较于古梅，人的一生如春荣秋枯的野草，如一现即逝的昙花，短暂而苍白。在如此长寿却依然如此美艳的古梅面前，生命苦短不过百岁之人类，能不叹惋自己的渺小、感慨时光的易逝？

静立古梅前，心绪逆时光洪流上溯，想象有关古梅的种种：究竟是谁，于那遥远的元代，心怀一缕幽香，小心翼翼地手植柔弱的她？她如何在春风秋霜、酷暑严寒中，年复一年，不断生长，不断壮实？她又是如何见证，手植自己的那个人，最终还是不敌时间洪流，逐渐苍老，最终离世，直至骨枯成泥？她是如何见证“西南丝绸之路”这根国际“大动脉”在漫长的岁月中输送了多少马帮、物资、商旅，见证了

多少途经驿站的谪贬的“疲马西风落叶秋”，又见证了多少擢任的“春风得意马蹄疾”？她用了什么样的眼神，注视那些与自己擦身而过的人和物？眼见得有名的、没名的，吟诗的、作画的，远观过自己的，触摸过自己的，在自己的枝叶下酣醉过的，给自己留下累累伤痕的……随风而来，进入自己的视野，融入自己的生命，陪伴自己度过一段又一段美好的时光。然后，又随风而逝，自己却不得不一个人继续踏上孤独的行程。她该如何地绝情，如何地冷漠，又或者，该如何地豁达、如何地通透，才能坦然面对陪伴自己的人和物都化为尘土，成为永不能抵达的过去的现实？难道说，在她深邃而平静的眼睛里，无数人和物自以为漫长的一生，仅如一闪而逝的朵朵流星？无数人和物的平平淡淡与轰轰烈烈，在她眼中，都是不值一笑的过眼云烟？

闭上眼睛贴近古梅，我的魂魄被那盘曲的虬枝牵引，跨过时光的折痕，抵达幽远的过去。我仿佛听到了她强劲而有力的心跳，听到了她平静而均匀的呼吸，听到了那些遒劲的树干击穿时空的轰响，听到了柔弱的枝条划破岁月的呼啸，也听到了她灵魂中的那一份决然：哪怕经受千般风霜也要面不改色，就算阅历万种风情也要独领风骚！

好一株绝世凄艳、孤冷傲骨、形神深邃的古梅！

元梅人面

博南山上古茶树

古茶树群，是博南山优良生态的最好例证，又是博南山上僻静、恬然的居者道法自然的无意识行为的产物。其中有禅机，或许，喝过古树茶，你就会领悟。

博南山是祖国大西南横断山脉云岭山系的分支，整座山的走向，与永平境内的国际河流澜沧江流向高度重合。澜沧江西折东拐环抱了永平县几近一半的县界，也环抱了整座博南山。

山环水绕的地理地势，使得永平地形地貌复杂多样，立体气候明显，也使博南山降雨量极为丰富，为动植物提供了诸多与之相符的气候特点和生存环境。因此，如今绵延不过百里的博南山，在其南北两端分别有着一个省级和州级自然保护区。保护区内动植物资源丰富。

山茶科植物及其所属古茶树就是博南山上两个自然保护区内最常见的树种。

这些古茶树在博南山上分为三个片区，各自以不同的状态生长着。

博南山北片区，是博南古道翻越的地方，存在着一个鲜为人知的永平县古茶片区。据《水经注》记载："汉德广，开不宾；度博南，越兰津；渡澜沧，为他人。"这首开启了永平乃至云南历史的古歌里，所说的"度博南"就是指翻越博南山北部。这个地方被明朝状元杨升庵称之为"叮当关"、被诗人谢式南描述为"汉关"，当地人称之为"永国寺"梁子。这里被列为州级自然保护区，面积三万多亩，最高海拔 2703 米。这里的古茶树就散落于永国寺的院落周围或是古道旁边。由于永国寺这里，方圆几里几乎无人居住，博南古道沉寂后，永国寺就再无来往香客，古茶也再无人打理和采摘，也无人关注，即便是山下的当地群众，也很少知道这里有一个古茶群落的存在。这片古茶树似乎被放生到了原生状态，相随春秋四季恣意地冬蕴、春萌、夏荫、秋发。

博南山从叮当关顺着澜沧江的流势向南延伸五十里左右，凸起

了一座更加灵秀、神秘的山峰——永平宝台山，宝台山的大顶海拔 2913 米，是博南山的最高处，也是博南山上的第二个古茶树片区。

在整座宝台山之中，有一处几乎是唯一的人为建筑——金光寺。金光寺始建于明朝 1628 年，被古书誉为“大清莲花古弥勒道场”。金光寺在近四百年的过往中，几经兴旺衰败，沉积下来丰富而耐人寻味的佛家文化。其中“禅茶一味”的佛理思想则直达历史和现实之间。

宝台山目前已知的第四纪古植物有完整的木莲古植物群落，也有黄缅桂、树蕨等树种，山茶种植物则遍布于深箐山岭间，被到访专家称为山茶资源最丰富的自然保护区。

金光寺的开山祖师朱铸成曾经因闻宝台山“莲花上树猿啼佛”，不远万里来此开山建寺，这是佛教和山茶科植物的缘分。因为从远古的洪荒年代至今，宝台山一直就是山茶科植物的天堂。

这种“禅”和“茶”之间的缘分是不会被时代割裂的，它的延续在潜移默化之间，也在茶树的冬蕴春萌之间。

所以不管金光寺的命运如何跌宕、蹉跎，宝台山总是一块充满了佛缘的众生福地。金光寺命运多舛，建毁数次。近些年来其残垣断壁在住持宽心师傅等的操修中，逐步从一个名称和一些传说中具现出来，终于呈现在众生眼中一座完整恢宏的建筑，并且晨钟暮鼓、诵经打板之声再次散粿到了洁净的阳光和空气里。

相对寺庙的建毁、僧人和信众的过往，金光寺周围人为栽培的茶树，从来都能够安静、挺拔地生长。相信在远久某位高僧大德的眼里，这些大叶种茶树曾是一株株需要细心呵护的柔弱生命。到如今，这些茶树每一棵都长成了一道深邃的风景，它们与周围原始森林内的各种树木一样，努力往高处生长，尽情发挥高大乔木的优势，尽可能获得阳光和空气，争取勃发生机的机会和条件。所以这些数百年的茶树，虽然

❶❷❸ 古茶萌新芽

1

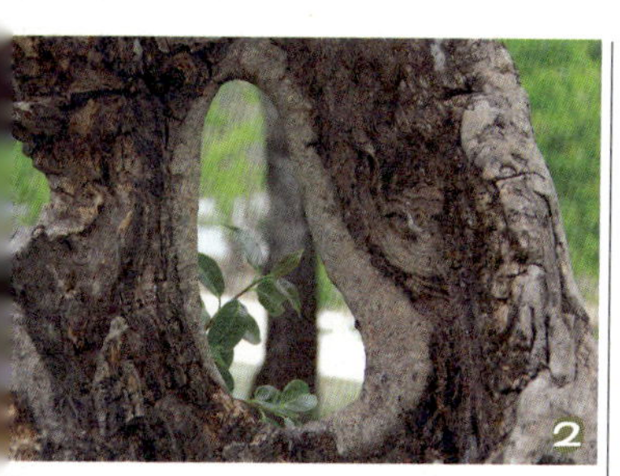

每年都抽出青嫩的新枝，铺展出肥厚的鲜叶，却还是被冠以“古茶树”的称号。新芽初叶采摘下来，简单加工后便成了与金光寺佛脉灵气更加黏合的古树茶。

住持宽心师傅除了把整座寺庙操持得井井有条外，也把打理每棵古茶树当作禅修功课，精心照料，小心采摘，细心烤制，善意冲泡。来自四面八方的香客信众，进入宝台山，当望不到边的原始森林尽收眼底、呼吸道畅快无比、蝉鸣鸟啾不绝于耳的时候，所有思绪便会飘飞、消失，人变得空灵、虚幻；当于寺庙里的磬钟诵佛声中，一杯古树茶的浓醇，便把人从空旷之中拖回一叶一草的起点上，让人的思维变得清晰、清新，简单而深邃，真正一番绝尘的滋味，由舌尖泛起，渗透于属于天地间的个体心田。

茶会让人静下来，茶会让人思考起来——这就是禅茶一味的不解之缘吧。

宝台山再往南继续延伸十多里，海拔从 2913 米降到了 1130 米。在这个原始森林到人居区的过渡区域，有着博南山最南端最大的古茶树区域，外围依旧紧依澜沧江。永平县水泄乡的狮子窝村和瓦厂两个行政村便处于这个区域，古茶树对于这两个村的许多寨子来说，不仅意味着悠远的过去，还成就着繁杂、精彩的现实，也酿造着美好的未来。

今年 83 岁的罗国贤，是狮子窝村大河沟的世居彝族，他对村子外边的世界没有多少印象，但对村里茶树的记忆和叙述却丰富而生动。他说村里这些茶树从来就是这么古老，他们罗家是大河沟的大家族，明朝从江西迁居而来，家族里曾经有一棵茶树，采摘茶叶需要三十多个人，采摘茶叶七十多公斤，他家在新中国成立初期就是因为拥有村里的茶树王而被定为富农的成分。

大河沟村地处宝台山的原始森林边缘，海拔 2100 米。这里的数十户人家被古老的茶树掩映，成了宝台山的一道

❶❷ 古茶树及树上足印

独特风景。

村里大部分村民属于彝族支系的罗伍族。关于村落的历史无人考证过，而关于散落在小村房前屋后、田间地头的数百棵古老大叶茶树，却有专家慕名前来鉴定过。这里的古茶树都属于山茶科，其中最大的一棵，树高 9.8 米，基径 1.302 米，树龄 810 年。这些古茶树整体上零星散落，但有一部分依然成排成行，人为规范、精心侍弄的痕迹还十分明显。据当地人讲：他们的先祖曾经以这些茶树为主要营生，由于传统的茶叶加工技术已经失传，大叶茶树与村子里的其他古树一样，一度成了自生自长的树种，甚至曾经被砍毁了许多，四季常青的古茶树成为村子里可有可无的风景树。小村远处深山、僻静恬然，偶尔有人来访，村民招待客人的是山外买来的茶叶泡的茶水和上好的野生蜂蜜。

但是一棵棵古老茶树没有因为被冷落而枯糜，相反春夏秋冬四季都抽青长枝，每一个新芽、每一片新叶，都与老态龙钟的枝干形成极大的反差，仿佛昭示老者不朽、生命不息。

在狮子窝村村支书张万宏关于儿时的回忆中，茶叶总能换回

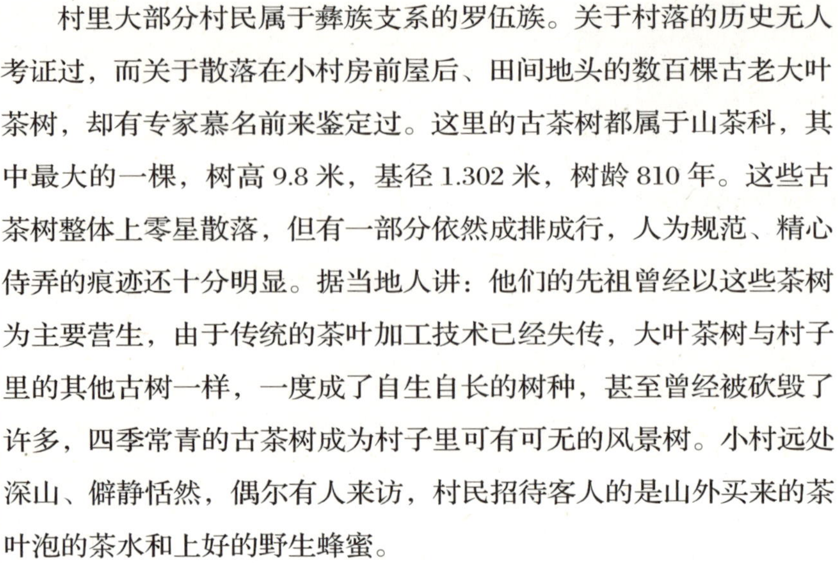

❶❷ 生机蓬勃的古树茶

一些村子里稀缺的百货，比如大米、盐巴、草烟等。那时，家家户户都依靠大树茶过日子。这种个人典藏记忆到2006年被重新唤醒。那年云南茶叶价格飞涨，古树茶备受青睐，有商贩翻山越岭来大河沟收购茶叶。从那时起，张支书希望整个村的大树茶能够集中管理、经营，能够有一个合理规范的机制，避免大树茶资源遭到破坏和村民的利益受到损失。通过几年的努力，狮子窝村的大树茶引起了相关部门的关注，村里群众也逐渐重视古树茶的保护。

在狮子窝和瓦厂村，像大河沟一样拥有古茶树的寨子还有决坝山、山头寨、大旧寨、新寨等三十多个。据不完全统计，博南山最南端的这一古茶树片区，还存活有古茶树三千多棵。这些古茶树年代久远，根部植入土壤较深，吸收矿物质丰富，并且生长在自然程度极高的环境中，朝露晚霭，成就了一款博南山古树茶。

澜沧江源源不断输送来的水分和温度，滋养了博南山的所有生灵，以及山上山下的人们，同时也让这里的自然和人们成了一个不可分割的整体，正所谓一方水土养育一方人。博南山古茶树无我的包容秉性，在世事更迭中窖藏着一个远古的禅机，也孕育着一个新的机会和希望。

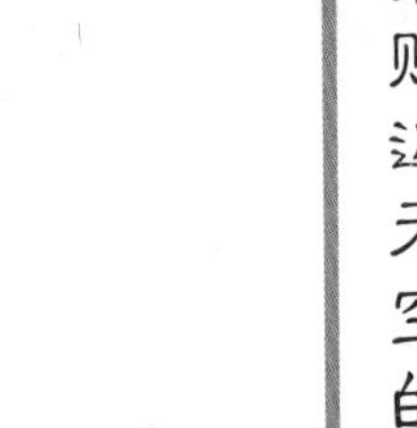

最贴近天空的茶园

博南山的最北端种植有两万多亩茶叶，百分之九以上都是佛香品种，所以成为云南最大的“佛香园”，也是澜沧江流域最北部的茶叶园区。整块茶园平均海拔 2400 多米，超过了传统茶叶种植的海拔极限，成为世界海拔最高、面积最大的绿茶基地。

走进茶园，苍劲的古树，头顶苍天，置身大地，以长者护幼的姿势，散布于茶树间。这些古树棵棵老态龙钟、奇形怪状，无不站立出一种饱经风霜的姿态。古树以水冬瓜树为主，茶园中保留这些古树，不仅使茶园风景平添一分梦幻，更重要的是水冬瓜是一种水源树种，水冬瓜树多的地方，是水分充沛的地方，有利于茶树的生长。并且水冬瓜树枝繁叶茂，将太阳光以霰射的方式洒向茶树，这种通过枝叶筛下的阳光，是茶树喜欢的照射方式，有利于茶叶营养物质的积存。

围绕在古树周围生长的一片片茶树，树恣意生长。茶树借着山势地形，从山顶到山腰，又从山腰到山麓有规律地生长着、排列着，形成了无数层绿色的阶梯。纯朴的茶农心灵中容不下污垢，对于茶叶，也是如此。这些茶叶不施化肥、不喷农药，全靠自然肥力生长。赤裸裸的天空下，透过古树树隙的阳光，纯净而温凉。置身

博南山上最贴近天空的茶园

茶园，弥眼的绿色包裹你、渗透你、融化你。狗吠在村中起落、回荡；鸡群在茶丛觅食、打鸣；蜜蜂在茶园飞舞、吟咏；啾唱的鸟儿毫不被人惊动。来访者很容易成为茶园的一株茶树，淡定恬然。

登到山巅，水气郁结，天空似乎伸手可及。居高放眼，满山遍野的茶树，穿着深暗的青，披着苍翠的绿，在阳光的普照下，显得熠熠生辉。那一丘接一丘、一山接一山、一岭接一岭的茶园，层次分明地一直延伸到天边，渐渐模糊起来，最后消失在苍穹的尽头。不时飘来的层层薄雾，将茶园笼罩其间，好像笼罩着一层轻纱的梦，如真似幻。高山上的云变化莫测，有时像一匹骏马，有时像一条长龙，在天空中变化着娇姿。云海中，古树与山尖时隐时现，仿佛是一幅泼墨的山水画卷。

据茶叶专家介绍，影响茶树生长的自然环境条件主要是气候和土壤。延绵起伏的博南山呈两边高起、中间凹下的形状，向永平县境内的南北两边延展，博南古道就从博南山中穿越而过。原本群山连绵、山环水绕的永平境内，在险要的博南山最北端，在惊涛骇浪的澜沧江中游东岸，高居着永平大坪坦村。大坪坦的森林覆盖率约80%，澜沧江水系将其揽入怀中。受博南山系和澜沧江流域的影响，大坪坦年平均气温13.4℃，年降雨量1288.4毫米，气候冷凉、雨量充沛；水源林茂盛，水冬瓜树成林；土质肥沃，厚度高达2米左右的腐殖土有机质含量达8.3%；茶树是喜酸性土壤的作物，土壤pH值在4.5–5.5最适合茶树生长，经有关专家检测，大坪坦的土壤pH值正好在4.5–5.7之间。

自古高山云雾出好茶。博南山最北端大坪坦村山高林密，常年云雾缭绕，一年四季气温偏低，冬季长期积雪，就算赤日炎炎的夏天，也得常备外衣。这里20000多亩茶叶，品种以“佛香”品种为主，成为云南最大的“佛香园”，也成了澜沧江沿岸最北部的茶叶园区。在大坪坦开辟的生态茶园，平均海拔2400多米，超过了传统茶叶种植的海拔极限。超过传统茶叶种植的海拔极限还能种出优质茶，这与昼夜奔腾的澜沧江不无关系，峡谷幽深，江水滔滔，澜沧江峡谷、河流的暖湿气流上升，弥补了高海拔所带来的温度与降雨量的不足。

一颗好茶遇到了一块好地，一块好地等来了一颗好茶，于是一款博南山高山生态茶应景而生，成全了人们杯中品高山四季的境界。

博南山茶园的秋冬季节

第二章

澜沧水：大地血脉，生民之源

澜沧江是一条喜欢随着季节变换颜色的河流，有着雪山的圣洁、母亲的慈爱，但也带着自古就有的暴怒，那是在提醒忘掉它的人们。

澜沧江自东南冲出青藏高原，在横断山脉中左冲右突，到了永平县境内，形成环抱博南山的特殊景观，从而孕育了永平独有的历史文化。澜沧江进入永平的第一座桥梁，是滇西抗战史上著名的功果桥，到永平中段，是古老的兰津渡，有举世闻名的霁虹桥。

澜沧江在永平孕育了澜沧江沿岸、银江河、云台山东麓三个主要生存带，澜沧江温湿的气候，带给了博南大地硕果累累的好收成。正是得了它的恩泽，永平才繁衍昌盛、生生不息。

水，我们顶礼膜拜——人类就从水中来。

澜沧江——环抱博南的温柔臂弯

在永平县境内，一直向南流的澜沧江拐向西南，再折向西北流了一段，然后折向东南，形成环绕博南山的“一江环一山”的景观。澜沧江就像母亲的一支臂弯，和她的支流一起，源源不断地为生息在博南大地上的18万子民提供甘甜的乳汁。澜沧江，是博南大地所有灵性的源头，是永平人民幸福安康的源头。

发源于青藏高原的澜沧江，朝东南方向冲出青藏高原后，拐向南，穿过横断山，向南流来。当澜沧江遇到了“西南丝绸之路”翻越而过的博南山后，拐向西南，再折向西北流了一段，又折向东南，在永平境内形成环绕博南山的“一江环一山”的景观。

澜沧江环绕博南山形成的这道优美的弧线，像一位母亲的温柔臂弯。数千年来，博南山及博南大地的数万生民，如同安睡在臂弯里的婴儿，受着母亲的悉心哺育和喂养。

澜沧江流过永平县时，和她在永平境内的支流一起，构筑了一张覆盖博南大地的水系网，并与博南山、云台山共同构成“三河夹两山”的地形地貌。这样的地形地貌，对于生息在博南大地上的人民来说，是一种幸运。澜沧江和她的数条主要支流如动脉血管一般，将亚热带季风性气候地区的大江大河特有的温度和湿度，源源不断地输送到博南大地的高山、丘陵、河谷、山间盆地，将地处亚

夏季湍急的澜沧江激流

热带季风性气候地区的永平县，分割为多种气候并存的“网格”状气候群，“一山有四季、十里不同天”的气候特征显著。这样的气候条件，为万物竞相生长提供了温床，也催生了博南大地的丰富物产。从江边起，自西向东地孕育了澜沧江沿岸生存带、银江河生存带、云台山东麓生存带等三个主要生存带。数千年来，永平人民在这三条主要生存带上择地而居，开蛮拓荒，建立家园，繁衍生息。澜沧江，是博南大地所有灵性的源头，是永平人民安康幸福的源头。

澜沧江沿岸，大部分地区因地势险峻，只有零星的村庄、稀疏的人家散落在广袤的江坡上。这些村庄、人家“近水楼台先得月”，最先从澜沧江那里获得了泽惠：暖湿的气流，炎热的气候，为各种庄稼及经济林果提供了极佳的生存环境，

长得快，长得壮，收成好，这些零星人家虽身处偏远之地，日子却过得巴巴实实。在此生存带上，杉阳坝子是个例外：坝子平坦，人口密集，有澜沧江在永平境内的第二大支流——倒流河流过。因地处澜沧江边，杉阳坝子是澜沧江温热河谷气候的最大受益者。坝子边缘，坐落着数十个村庄，每个村庄农户少则数十户，多则上百户，密密麻麻地聚居着。坝子里有良田千顷、沃土万亩，出产优质大米和包谷，还出产甘蔗、石榴、芒果、木瓜等热区水果，有“鱼米之乡”的美称。

银江河，是澜沧江在永平境内流程最长、流量最大、流域最广的支流，此河因此也成就了三个生存带中最大的一个——银江河生存带。银江河发源于龙门乡李子树村，流经龙门、博南、厂街、水泄四个乡镇，四个乡镇的主要集镇为羊街、老街、厂街、牛街河，均分布在银江河畔。在数十公里的流程里，无数细鳞鱼、鳅鱼在河里游弋，无数盘沙虫、螃蟹在河里栖息，无数牛羊猪鸡鸭鹅在河边繁殖成长。老街坝子和龙门坝子因得到银江河的灌溉和澜沧江温热河谷气候的滋润，田地肥沃，出产丰厚，七万余居民在这里安居乐业。在亿万年的夏涨冬枯中，银江河在沿岸零散地冲积出一些小平地，这些平地被两岸的居民开发，形成了诸如岔路、稻田、阿白地、牛街河、石象鼻、水底等多个美丽而富庶的人类聚居点。不仅如此，银江河的无数支流，流淌在博南山、云台山的千沟万壑里。无数个大大小小的村庄，镶嵌在博南山、云台山的褶皱里，这无数条大大小小的支流如毛细血管一般，将生命的源泉源源不断地注入万千人家。生息在这里的永平人民靠山吃山、靠水吃水。博南山顶，他们开辟了万亩茶园，打造了“博南山”茶叶品牌；云台山山麓，他们培育了万亩核桃园，铸成了“永平核桃”的美名；银江河畔，他们养殖了肥鹅，加工成远近闻名的“永平腊鹅”……这些产品远销沿海地区，甚至海外。

如果说澜沧江是一棵大树，那么，银江河、倒流河、黑水河、顺濞河、吐鲁河等这些支流，就是树枝，生息在博南大地的永平人民就是一串串果实，正是得了这些河流的恩泽，才长得繁衍昌盛，生生不息。

澜沧江，还成就了博南大地独特的历史人文，铸就了一方独特的地域文化。

永平县地处澜沧江中游的高山峡谷区，澜沧江的河床在这里极为狭窄，两岸坡度大，时见绝壁矗立千仞，江中则急流迅猛，奔腾咆哮。可澜沧江对永平人民是极为照顾的，在流经杉阳镇时，自然的大手操鬼斧、施神工，将其中一段江面

变窄，便于人们搭桥通行，这个地方就是霁虹桥桥址。这个位置，数千年前就被人类发现，并辟为渡口，名为“兰津渡”。西汉时期，就有民间商道从“兰津渡”通过，先是渡船，后来又建了藤桥。东汉明帝时，始筑“博南道”，“兰津渡”成为“博南道”的重要关隘。明成化年间，改藤桥为铁索桥。除了古桥和现代修建的永保桥、大保高速公路桥外，永平县与澜沧江对岸的保山地区隔江如隔天。千百年来，澜沧江这只温柔而坚强的臂弯，默默地怀抱着、守护着永平人民，永平人民则凭此天险，躲过了无数战乱、匪患，安居一隅。

高山大河，其本身就具有博大、浑厚、沉稳的气质。生息在博南大地上的22个民族受大大小小的河流和山脉的分割，形成了“大杂居、小聚居”的特点，天长日久，禀性各异的各民族共同继承了高山大河的这些气质，陶冶出恢宏之气，铸就了宽阔胸襟。当中原汉文化通过“西南丝绸之路”这条国际大通道输送到西南边陲蛮夷之地时，永平各族人民以宽阔的胸襟，容纳了中原汉文化。澜沧江的天险，博南古道的通达，让博南这块土地成为既封闭又开放的独特地域，中原的汉文化与澜沧江畔土生土长的各民族文化融合，糅合成独特的文化特质——语言、饮食、农耕都烙上了中原汉文化的印记，博南大地，成了中原汉文化的“飞地”。而这一切，都是澜沧江这只母亲的臂弯促成的。

至此，永平人民应该感到幸运，自己生存的这片土地上，有澜沧江这样一条河流流过。澜沧江，她的水流如同永平人民身体里汩汩奔流之血液，亘古绵长却生机勃勃，受其泽被的生灵得以生生不息。她的隆隆涛声，则如老者口中语重心长的言说，深沉而充满智慧，让她所庇护着的万物繁荣昌盛、万世长存。澜沧江，她过去是、现在是，将来也是永平人民的守护之江、生命之江、灵魂之江。

1 沧江呈湖

2 雪映澜沧

1 今日兰津渡：古时的霁虹桥在水下 70 米，现在的公路桥、铁路桥、输油管道桥三桥从这里通过

2 澜沧江东拐西折

门前有条银江河

美学上说，波浪线最美。银江河就是一条曲折多姿的波浪线，远看曲曲弯弯，波光闪闪；近观碧波荡漾，清风扑面。

一条大河，岸边生长着许多红红绿绿的野花野果，每到夏天便诱得孩子们流连忘返，它就是我儿时的乐园银江河。

我和小伙伴们经常去河边摘野果，整个夏天，我们几乎天天在河边流连。每次都吃得牙齿酥酥的才住手，然后脱光衣服，跳进河里洗澡。我们将帽子泡湿，吹成一个圆球，然后随着湍急的河水载浮载沉。玩够了，便在河里捉鱼。我们在水浅处用石头将河水一分两半，砌成一个长二十多米的椭圆形圈子，村里人将这种捉鱼方法称为“栅鱼”，意即用石头栅栏似的将鱼围起来。栅一次鱼，通常需要三四个小时，因为要将长满青苔的石头一个接一个地连成一个大圈非常费力，稍不注意，滑溜溜的石头就会砸在脚背上。而且石头之间的空隙还要用泥土塞紧，不让水漏进栅栏内，这种捉鱼方法就是古人说的“竭泽而渔”。只是小伙伴们太性急了，往

往等不到水“竭”，就开始捉鱼。因为随着水势越来越小，石栅栏内的鱼意识到危险降临，便噼噼啪啪跃出栅栏外逃之夭夭。小伙伴们急了，忙丢下手中的石头、泥块去抓鱼。有的在水浅处抓到鱼，有的在石头下捉到鱼，有的摔倒在水深处，溅起一片水花。河边放牛、找猪草的小孩见状，也纷纷跑来捉鱼。大家你挤我撞、东奔西突，荡起一河笑声。夕阳西下时，孩子们提着一串鱼回家了，那得意扬扬的神情犹如凯旋归来的战士。不久，茅屋里便飘出煎鱼的芳香，诱得人馋涎欲滴。

如今，银江河更美了。不说岸边新房林立的村庄、婀娜多姿的杨柳，只说左弯右绕的河道，就别有一番风采和神韵。

澜沧江支流永平银江河上游

美学上说，波浪线最美。银江河就是一条曲折多姿的波浪线，远看曲曲弯弯，波光闪闪；近观碧波荡漾，清风扑面。

银江河发源于龙门乡李子树，流经龙门、老街、曲硐、厂街、水泄 5 个乡镇，是龙门、老街、曲硐的主要灌溉河道。它由北向南纵贯，出昌宁，注入澜沧江。在永平坝子连绵起伏的横断山脉中，主河道 96 公里长的银江河时而左弯，隆起一片河岸；时而右曲，留下一片河滩；时而曲曲折折，忽隐忽现；时而浩浩荡荡，浪花飞溅。从宏观上看，银江河是一个大写的“S”，它先是出杨梅坡，经官上村往西拐，形成官上至羊街上千亩的农田，然后往东南一折，直流而下，冲刷出一段长长的名为夹山的峡谷。再由西向东来个180度的大转弯，犹如张开双臂，怀抱着石家村、燕子河两个村庄及灵化山。然后在灵化山下的晃桥旁一拐，往南直流而下，穿县城，朝西南迤逦而去。从微观上看，银江河的支流北桥河、东山河、卓潘河、观音河、中屯河、马街河、曲硐新河等则是一个小写的“S”。可别小看这些在茫茫大山中弯弯曲曲的小河，尽管它们“淙淙淙”“瞿瞿瞿”的歌声并不嘹亮，但小河流也有大梦想。在千万年的奔流到海不复回的茫茫征途中，它们身后便留下一个个峡谷深涧。那一座座巍巍大山和一个个幽幽深谷就铭记着它们改天换地的丰功伟绩。而那一个个河滩、一个个山中盆地以及由此演变而来的良田、美宅、修竹、果园、林场，则是大山母亲给永平人的无私馈赠。俗话说，一方水土养一方人。正是这些积聚了千山万壑溪水的支流为银江河注入源源不断的水流， 银江河才滋润出永平坝子鸟语花香、五谷丰登、六畜兴旺的景象。

千百年来，银江河就像一位慈祥的母亲，以自己甜美的乳汁哺育着一代代永平儿女。让这片曾经被称作“蛮荒”“不毛”的土地，焕发出勃勃生机。然而再慈祥的母亲也有发怒、生气之时。历史上，银江河曾多次泛滥成灾，但让永平人难忘的则是1985年7月28日夜里那场超过大桥四五米高的特大洪水。它将四米高的河堤上的数间民房冲毁，两百多农户及3条街道被淹，四千多米石堤、八千多米的土堤也被冲得七零八落。为了治理银江河，永平人采取分期治理的方法，即先治理被冲毁的河道，后治理有隐患的河道。经过多次治理，银江河的面貌焕然一新。如今，银江大桥下遍地狼藉的垃圾不见了，泡在上游的死猪死狗消失了，四周的荒山郁郁葱葱、秀色满眼，一片山清水秀风光好、万家都在画图中的明媚春光。

而那座中间高高隆起的横跨银江河的大桥，则是银江河上的一道风景。站在桥的最高处，不只可观赏县城全景，还可看到上游两岸的田园风光。若是十五明月之夜，还可想象“银江夜月”的美

澜沧江支流永平银江河源头

景，这是永平八景之一。据《永昌府志》载："即银龙江（银江河）每月中时，江底忽见满月一轮，明晃动荡，经一二时许，然见之不易。"明人杨慎的《银江夜月》写道："西行长夜步河滨，忽见桥东水月明。皎皎冰轮辉两岸，团团金镜朗三更。家人笑指银河近，学士频惊玉汉横。莫是今宵逢七八，嫦娥对对出江城。"诗人笔下的银江夜月多美啊！它不只照亮了银河两岸，也照亮了诗人的心灵，否则，谪戍永昌，身心俱损的诗人能写出这首婉约清新的好诗？杨慎也许没想到，四百多年后，他的雕像会站立在银江河畔，成为一道引人瞩目的风景。这就是他曾经热爱过的这片土地对他的褒扬纪念吧。生活中，我们每个人都是一道风景，前提是必须满腔热情地拥抱每个平凡的日子，对得起杲杲日月、朗朗乾坤，对得起曾经站立过的每寸土地。每次从杨慎雕像前经过，我就

会想到他写的那些优美的诗篇。它们何尝不是一道亮丽的风景呢？而在初冬时节，还能看到白练似的一段雾气由南向北缓缓移动，恍若一条银龙。旭日初升时，白气蒸腾，化作晴岚，弥漫整个坝子。此时登高而望，高塔巨树若隐若现，恍若人间仙境。十点左右，烟消岚散，田野、村庄一片明亮。关于晓雾的起源，还有一个神奇的传说：很久很久以前，永平坝子南端有一位马氏少女，爱上了坝子北部的一个小伙子，由于父母不允，她便殉情而死，灵魂化作一段白气。每逢晴初霜旦，白气自马街河一带生起，溯银江河而上，去寻找她的情郎。日出即化作晴岚。所以，人们又称永平晓雾为“马氏晴岚”。

如今，在县城新加高、加固的东岸河堤上，又出现新的一景——银河长廊。它宽十多米、长一千多米，是个集休闲、娱乐、观光等功能为一体的文化公园。步入其间，但见绿柳成荫，古树交柯，花香袭人，一座座古色古香的金色琉璃瓦凉亭散布其间，有优美的自然风光，还有浓厚的文化色彩。游人只要看看楚石栏杆上“兰津渡”“霁虹桥”“西山晚翠”“银江夜月”等题词及杨慎、徐霞客等名人浮雕和几组反映永平历史的“哀牢文化墙”“古道文化墙”“边屯文化墙”……便可窥知永平悠久的历史和丰富的人文景观。

长廊中部，东山河与银江河成“L”形环抱县城，新修的河堤两岸新房林立，绿树婆娑，花卉芬芳。桥上车来人往，桥下流水潺潺，虽无秦淮河的桨声灯影，却有银江河的水上风光。在这段一千多米长的“L”形河道上有六座桥，其密度可想而知。它们有的供车辆来往，有的供行人步行，有的供游人登高望远。游人在此可倚栏而望，可花下闲聊，可树下乘凉，可月下漫步。在月光、灯光、水声、笑声的映衬下，眼前就是一幅小桥流水人家的优美图画。

心中的『倒流』河

从常年清澈见底，到说断就断、说涨就涨，再到翠竹柔柳、水声潺潺，这条与澜沧江逆向而行的河，见证了生息于两岸人民的生态意识的觉醒。

在磅礴的澜沧江与蜿蜒而来的“西南古丝绸之路”博南古道即将汇合时，澜沧江接纳了一条名不见经传的小小的河流，小河名叫倒流河，总长不过十五公里，在倒流河中泡大的我有过疑问：河怎称“倒流”？后来上了中学，从地理课本上懂得了一些河流水文知识，知道了小河与澜沧江隔山逆向而流，所以被当地人称为“倒流”河。但还是弄不懂，小小的河流怎能与流经6个国家声名赫赫的澜沧江相提并论呢？

倒流河从属横断山系的博南山最南端部分宝台山流出，由于宝台山至今依然保持有自然程度极高的15万亩原始森林，倒流河水带着原始森林的腐质味，也带着宝台山上特有的木莲花之灵秀流经了一个历史上被称为“杉木和”的山间盆地，这个盆地因为海拔相对较低，又有倒流河的灌溉和澜

沧江的庇护，整个坝子高温高热、田野肥沃、物产丰富，是远近闻名的“鱼米之乡”，也被许多来往于西南丝绸之路上的马帮称为“小夷方”，即今天永平县的杉阳镇。历史上的倒流河常年清澈见底，河里鱼虾丰饶，两岸杨柳护堤。人们喜欢用河水浴身，保持肌肤洁美。也喜欢用河水酿酒，显现酒性醇厚，喝了能健胃祛痛。当然还用河水浇灌庄稼作物，而这里的庄稼作物当然比其他地方早收一个节令并多收几斗粮。倒流河的人们逢收获季节，都会往河中撒几把饱满的谷子、玉米或是蚕豆，以回谢倒河流赐予的丰收。

数千年来，倒流河与倒流河边的人，一直在演奏着一曲和谐的旋律，任凭河岸新枝成古柳，河水中的光腚长成扶犁老汉，谁都不去追究河有多长、岁月有多长，河与人都在悠然地随春秋之轮滚动行进。

不知几时，倒流河岸的世界开始变了。“鱼米之乡”的“鱼米”，不再受河畔人们的追捧，也失去了对外地人的吸引，人们生活中对人民币的意识都增强了。于是有几个外出闯世界的倒流河边的人，回乡办起了糖厂、酒厂、瓦厂。这些标示现代工业的东西首次入驻了倒流河畔，它们当时的共同特点是：烟囱高大，直耸云天。一时间，那些耸入云中的烟囱诱使倒流河人做了一场发财梦。随着这些厂的滚滚浓烟弥漫天空，倒流河坝子周围的山像患了脱发症一样——全秃了。这时人们发现，这些巨大的烟囱的灶体吞噬的全是坝子周围的森林。倒流河也渐渐失去了昔日的旖旎风采，脾气暴得犹如梁山好汉一般。春耕大忙栽播节令时，河水说断就断，滴水无存；谷黄待收时节，洪水说涨就涨，运来泥浆沙石，将河畔连谷带田深埋三尺。人们不得不周而复始地恢复农田，今年恢复了明年又被深埋，年复一年为倒流河而累，也为倒流河而生。

1

倒流河不再美丽，不再是丰收的源泉，而是人们生活中

❶ 澜沧江支流永平倒流河上游

❷ 澜沧江支流永平倒流河从宝台山 15 万亩的原始森林中流出

❸ 永平宝台山原始森林里古树上落下的一滴水最终也成为澜沧江的水源

不和谐却又少不了的一根弦。河畔的人们开始逃避祖祖辈辈得以丰衣足食的杉阳坝子。人们开始以嫁娶、打工、读书等方式走出家乡。谁走出倒流河畔的杉阳坝子，谁就脱离了苦累，谁就谋得了幸福。曾经有专家推测，倒流河畔杉阳坝子的存在寿命长则50年、短则30年，在四周山体大面积滑坡的趋势下，劝告坝子四千多户人家赶快搬迁移居。

倒流河畔的人们在厄运紧逼的日子里省悟：这个坝子里人与河的不和睦是自己造成的，是自己昏了头尽做发财梦，忽略了倒流河的润泽之恩，也忽略了先人们对倒流河的尊重，遗弃了祖祖辈辈对倒流河的呵护。人们醒悟后，便开始了一场舍家忘我的植树造林、护林爱林活动，恨不得将拔回家的一根草都重栽到山间去。同时将厂里的一口口巨灶毁弃，把全部精力投入到肥田沃野上。倒流河毕竟是杉阳人的母亲，愠怒之后回归了慈祥。

❶ 凤鸣桥

❷ 澜沧江支流永平岔河

现在的倒流河，娇容再现，翠竹柔柳，水声潺潺。倒流河畔的人们终于寻回了与倒流河长相厮守的感觉。他们用河里的水、河畔的田种粮养花、种菜养鸭，圆了发财之梦，换回了古驿小镇原有的兴盛。

现在倒流河畔的人们知道了倒流河于他们的分量，知道了前辈之前辈为啥拿倒流河与澜沧江相提并论，知道了倒流河在当地人心目中永远是一条像澜沧江一样的大河。

永远的霁虹桥

不息的澜沧水，永远的霁虹桥，是生命中理想主义的象征。一座桥，当被人们作为一种伤感和祈祷的精神依凭时，就注定会获得永生。

最初知道家乡的霁虹桥，还是来自外界的喧扰。消息说，霁虹桥将被淹没，如果不去看最后一眼，将是历史的遗憾。那时，大量的旅游者涌入杉阳，我也被感染了。其实，这座横于永平与保山之间的澜沧江上，号称西南丝路“咽喉”的铁索桥，在当地被叫作“老江桥”，在儿时的记忆中，“老江桥”还是常被老人们提起的。比如，大人吓唬不听话的小孩时会说：“你再不听话，就把你从老江桥丢下去！”或者，吵架骂人时，最恶毒的就是：“你咋不去跳老江桥？还好意思活着……”翻开尘封的笔记，20 世纪 80 年代的毕业赠言常这样写道：“我们的友情，由古老的江桥做证……”

当我第一次去霁虹桥时，我还不知道那其实是善德桥。过桥时，我很怕踏空或被大风吹下去，因为老人们常说江水是“索子水”，里面的暗流像箭一样急，我叔祖父就一辈子

忘不掉他们背上捆着草烟，挺着风，匍匐在几根铁链上过澜沧江的惊险情景。摩崖石刻，这幽暗中唯一的辉煌，竟是那样至高无上。站在下面仰望，蚀痕斑驳，犹如藏在倾泻而下的瀑布中一张忧伤的脸。远看，又像一块松明疙瘩被竖直切开的纵面，整座山就是一块巨石，气势森严地矗立江畔，背景映衬着江水的碧绿，还有岸边苍翠的树木，对面，则是钢铁般的悬崖。这个西南最大的石刻群，气势雄浑，诗句精妙，我尤其记得“西南第一桥”和谢宇俊的诗，而“壁立万仞”和“天南锁钥”，则让我想到了泰山石刻。

直到石壁沉入江底，我才慢慢体会到失去的痛苦，并疯狂追逐它的影子，这真是一种折磨。期间，我的一些概念也得到了纠正：霁虹桥在1986年就消失了，我看到的是善德桥，是保山一个叫段体才的老人花了五年时间，募捐修建的。资料说，在20世纪二三十年代，霁虹桥有过一个最为鼎盛的“乐园”时期，那是一个以劳动艺术为傲的时代。从“觉路遥”关隘一直到“九转十八弯”，再到“马蹄窝”“梯云路”，一路都是整齐滑溜的青石块，这是一条以霁虹桥为中心延伸的博南古道文化走廊。桥上有斗拱重檐的桥亭，桥廊里铺着楼板，地下室还可驻扎士兵，有专门的御书房，挂着据说是康熙御笔“虹飞彼岸”的牌匾。珍贵的地点布局紧凑，旁边还建有武侯祠、玉皇阁、江神祠和兵房。岸边，各有两棵作为纪念重修而栽的大青树。对面，除了对称的桥亭和桥廊，从拱门边的山墙登上石步梯，是紧靠岩壁的观音阁，坐落于一块可俯瞰“霁虹”的寸金之地。拱门出去就是最重要的摩崖石刻……两面都有士兵把守，日落闭关，天亮开关。古道并不寂寞，错过了时辰的行人马帮，就于道上露宿，经常天不亮，两岸都已排了长长的马帮队伍，等着过关了。可是，等滇缅公路开通以后，这儿就冷落了……这些就是我所知道的一些史料，但还不是我最想要的。

我始终得感谢杨继梁先生，由于他三十多年前的精彩拍摄，我才得窥古桥之原貌。他把自己照得最好最清晰的照片都交给了我。“我希望你能从中得到你想要的”，他这样郑重地对我说。作为一名 86 岁的退休教师，他是我认识的与桥直接有关的第一位，无疑，他也很像那座风雨飘摇的古桥。有幸的是，我还能时常跟他探讨桥的设计，如何拍好桥的问题，想象各种回到过去的场景，试图弥补时光的遗憾。这是一种望梅止渴式的交谈。那些老照片，成了我精神上的一剂良药，无疑，也增强了我某方面的决心。

有一天，我对他说："我应该去寻找那座桥，我觉得它还在。我相信奇迹。对它的追寻应该是一种高于生活之上的救赎之道。" 杨老先生非常支持我的想法，认为这种尝试很有必要。他提出建议，要广而远地寻找，在这个过程中，自己最重要。其实，我当时是以为，会有一个理想的浪漫之地，重现它的光辉，而这其实是承认它可被取代或超越。

我就这样出发。往前，我去了同一条道上的另一条江上的另一座桥，我以为相同的设计者会给两座桥孪生般的感受。往后，我又去了同一条道上的只是一条河上的另一座桥，这时我已无更多奢求。其实，双虹桥、云龙桥，都能找到它依稀的风貌，但对我却像刻意的欺骗、虚假的安慰。我继续往西，似乎已感觉到它的脚印了。它的近亲——沿途一些没有面孔的陡壁，根本就无法亲近。我一直追逐，直到西方的天际出现一道仿佛世界尽头的大斜壁，才感到意义不大。那对峙的绝壁天险，涌动的激流，凛然可畏的虎踞之势，悬崖之上的神作……我才明白，对我竟如此重要。

后来我去了平坡，在一个院子里瞻仰了修桥时舂制糯米灰浆所用的石臼，还有守桥牺牲的两名将官的纪念碑、铜钟，以及一大堆生锈的铁索链、银锭榫和万年桩。这是一个特别的时刻，这些东西更像是刚发现的墓中之物：一束青丝，留着笔迹的书，一点随身衣物……我并没有见过她，但已触摸到她生命的那丝呼吸了，却只会感到更失落、更忧郁。

我找过很多人：当地村民、守桥人、江顶寺和尚、每年都会来这儿的一个美国人，这些人的经历和理解也不能让我从中得到什么抚慰。后来我想到了段体才。这个现实世界的普罗米修斯，我倒不太崇拜他的善德，而是羡慕他修桥时，独居江畔、聆听风雨的时光。这真令人向往。客观上讲，如果不是他凭一己之力化募而建的善德桥被淹，那家无所不在的大公司，不会赔偿一座铁桥，也就不会有通往两岸的公路，更不会有如此多持续的破坏。悲哀的善德，卑劣的崇高，请原谅我的自私吧！因为我更在意的是桥，我的桥！我真希望它永远毫发无损，它已经是我精神上最完美的象征了。

不过，如我所担忧的，他如今已是个中风的老人。我和朋友智顺，前往板桥的柳上村，感觉是带着旨意，前去收回一些需要确定最后归属的东西。在车上透过垂柳，我远远就看见河埂边有个一步一挪、步履维艰的熟悉身影。说他熟悉，是因为这正是我想象中的画面。我是第一次见到现实中的他，感觉和网络上毫无差别，虽然迟了些，但还是应该感到庆幸了。由于说话困难，耳朵又背，我就给他看准备好的古桥照片。我本以为能让他一下子跳起来，还想着他应该会滔滔不绝。但他却是出奇的安静，目光依然迟缓，含含糊糊地说：“桥……”然后对我微微笑了一下。看见智顺，他则费力地说了几句什么，气若游丝，只勉强听得见“湾子……湾子”。准备好的辩论成了探视病人。他家里只有些一般的家庭照，更无日记之类，其他也是乱七八糟，枯燥乏味的破屋里最后一丝幽光，也在我开门之后逃逸了。当智顺想给他塞点钱时，他双眼圆瞪，伸出两把铁钳般的大手，缓缓把双臂一推。这架势很像武功，我真担心递钱的人会像断线的风筝般飞出去。不过他晚景确实凄凉，老伴也是颤巍巍的一副风烛残年之象，提及家庭及子女，马上声音哽咽，不愿多说。当我像赫尔墨斯一样准备离去时，他竟拉着我的手不放，几乎是哀求，想让我带他去霁虹桥。他可能还惦记着那神圣与赞美，或是想重温沐雨听风的江边生活，顺便抓一点曾经忽略过的东西，然后才能闭眼。对于这人之常情，我是不能答应他的，他的家

下游宽阔、上游狭窄的霁虹桥

人更不同意。看他那朝不保夕的样子，虽在饱含深情的期待，却已被无情忽略，这是我们生命中潜伏的敌人苏醒了。他的感情，他的传奇，他与桥的缘分，无论如何满眼含泪，努力挣扎，却已不再延续。

这些，是我关于霁虹桥的一些琐碎经历。也许我不该再去追索，毕竟它始终是一种回忆的伤痛；也许我更不该如此爱它，总有一天，我也将老去，也害怕因命运的遗弃而痛哭流涕。

六月，最令人窒息的一月，我沿 320 线一路散心。澜沧水只剩下融冰的混浊，在两岸筑起了层页岩状的高高的吃水线。在宽阔处，它几乎是一条河，河心露出石块，还有人在淘沙，看他们卷着裤腿站在河里，完全可以走过去又走过来……

多凉快啊，在这片江流中浮游该多么美好。我竟莫名其

妙的有种焦灼感，这罕见的情景暗示着什么？猛然，一种刻不容缓，迟一秒就会留下永久遗憾的急迫，我发动摩托，加足油门，上江顶寺，下九转十八弯，很快来到老江边。

远远地看，龋齿累累的河床已被抬起，岸上全是些冲刷掏空的坎坷之痕。扑在铁桥栏杆上眺望，上游一些地方几近干涸。天啊！这是何等景象！我是不是来到了1986年水毁的那天？上面两边的河床竟是倾斜的大石板，糊着泥浆。原来江底是个“V”形的狭槽，这倒是可以解释江水是“索子水”了。更上面，峡谷拐弯的出口，凛然摆放着一块方整的巨石，如帝王的棺椁，这应该就是那块“镇江石”了，传说它比霁虹桥还要古老。

返回路边，借助长焦镜头，我看到对岸“悬崖奇渡”“西南第一桥”、字体稍小的“金齿咽喉”，都满是泥泞，却字迹清晰。兰津渡遗址—— 一条顺着礁石爬上岸的石阶，也是第一次看见。我还看到了两个小桥桩——那是段体才最想飞下去拥抱的东西——也在湿漉漉地闪光。上方，是观音阁残基、“普陀岩”、八字小篆、石刻造像……四周已长了花草。现在，我看见了比古桥被冲毁前还要多的东西。

展现在我面前的，是一大片来自古老过去的盛大幻景，也像包含着一些预示。接着，一道穿透厚厚云层的霞光，将我也裹入其中。我突然明白，每年这几天，它将与我见面——这就是它给我的奇迹。它向我揭示的秘密，是它活的明证，也是在表明我们的特殊关系。江水淹没了它，我曾诅咒过，但也意识到，它已不再适合大多数人了。现在看来，救赎已经完成，阔而深的江水就是它宽大的坟墓，是慈爱的上天赐给它的美好的熟睡。也只有这样，才能让它脱离凶恶。原本，它曾为世界所拥有，现在，它是我的了。当然，我也祈求，这种关系能永远下去。

霁虹桥桥头的摩崖石刻

三十多件集历史价值、书法艺术、文学艺术、石刻艺术为一体的石刻作品，被专家学者统称为“霁虹桥普陀岩摩崖石刻”，其多为明清时期文人墨客、达官显宦们来往于博南古道的路途上经过霁虹桥时，心潮澎湃、才思涌动留下的手迹，如今已成为研究博南古道、研究霁虹桥最为重要的历史资料，它是博南古道上最为耀眼、最为亮丽的一道人文景观，是博南古道上难能可贵的历史文化沉淀，是博南古道辉煌历史的见证。

澜沧江上面的霁虹桥是博南古道上最为著名的一个历史遗迹，在霁虹桥头的西岸还有一个与霁虹桥齐名的历史遗迹——摩崖石刻。

霁虹桥桥头的西岸，有一块笔立、陡直、巨大的石壁，这块石壁高有数十米，宽有二十多米，总面积接近三百平方米。当地人把这块石壁叫作普陀崖。整块岩石浑然天成，远远望去，其底部直入江水，近看，其顶端插入云霄，远看近看都显得十分的雄伟壮观。

这块巨大的天然石碑，单是从它自身的外形外观上，让人觉得奇绝无比、赞叹不止：它所处的位置奇巧，让人叫绝。它地处湍急凶险的澜沧江岸边，两岸尽是高大雄伟的山峰。在这些山峰中间，湍急凶险的江面上架着一座“上无所凭，下无所依”的铁索桥。这样山峰、江水、桥梁三个元素

霁虹桥头摩崖石刻

构成了一幅无限展开的、真真切切的浓墨重彩的山水画卷。普陀崖这块石壁就是在这幅画卷上、山山水水之间的留白之地。这块留白之地，好像是大自然故意留下的一个天生地造的，用来给这幅画卷题诗留文、落款的好地方。这块石壁生得如此精巧，使得周围的山峰、大江、桥梁更加和谐统一，也使这个地方的交通枢纽功能和美学欣赏价值完美地结合在一起。

整块石壁平整光滑，好像是人为加工开凿出来的一样。它的大部分像是被人工打磨过一样。石壁上的任何地方，都可以直接挥笔书写。导致历朝历代的文人骚客们到了这里肆意书写刻画，使这块石壁的作用被发挥到了极致，所以说“生得巧不如生得好”啊！生得好才有用武之地，它的作用才能被发挥得淋漓尽致。试想如果这块石壁不是这么的平整光滑，怎么可能有那么多的石刻呢！

石壁与霁虹桥之间浑然一体、默契协调、互相辉映的关系让人叫绝。石壁地处霁虹桥头，却又无碍于霁虹桥桥头道路的通畅。既像是特意竖立在桥头的一块纪碑，又给霁虹桥增添了几分威武神奇。无论在历史上，还是现实中，但凡一件伟大的建设工程，都有一块相应的纪碑。普陀崖就是霁虹桥修建的纪碑，二者之间相互见证、形神合一、十分壮观。充分体现了“生得巧生得好不如生得妙”！

试想：当年经过千山万水、阅尽天下美景的来往过客、名流显宦们，沿着博南古道一路西来，越走越蛮荒、越走越凄寂的时候，突然之间在这遥远的边疆，遇到自然的江水山色和人为的霁虹铁桥共同构建起来的一幅绝妙图景时，怎能不为之动情动容呢？怎能不心潮澎湃呢？再加上桥头又有一块足够大、足够平整的天然的留白石碑。在这种情势下，谁都会有那种留下“老张到此一游”的冲动和欲望，何况这些文人，天生就干这一行，就喜欢干雁过留痕的事。所以接下

来的事可想而知。普陀崖这块天然的留白空地，成了霁虹桥头的画龙点睛之笔、神来之笔。

于是在这块生得又好又巧妙的石崖上面，密密麻麻刻满了各种诗文题词。这些诗文题词被专家学者统称为“霁虹桥普陀岩摩崖石刻”。这些摩崖石刻多数是明清时期的文人墨客、达官显宦们，在来往于博南古道的路途上经过霁虹桥时，心潮澎湃、才思涌动留下的手迹。

我曾经无数次到过这块摩崖石刻下边，目睹过这块巨大石碑的丰采。记得第一次是在 1985 年，那时我只有 13 岁。印象中带我们去的老师讲了许多关于石刻的故事，以及石刻的书法艺术。那时的我什么也没有听懂或是记住。但也有印象十分深刻的地方，那就是这块石碑实在是太巨大了，石碑上的文字也太乱太多了。杂乱不讲秩序，繁多没有标准，是当时摩崖石刻留给我幼稚思维当中的第一印象，到现在还记忆犹新。说它乱的理由是那些字写得一点都不工整：具体表现是那些文字横着写的也有、竖着写的也有，有的字大得比人还高、比人还胖，有的字小得犹如老师叫我们练习的大楷一样；有的一笔一画写得工工整整，有的牵牵连连写得龙飞凤舞。认为字太多的具体表现是：从这块石碑的底角，一直到看不清楚的顶部，从石碑的边缘到嵌入山体的地方都有文字。而且书写这些文字的人好像一点礼貌都不讲，总是你的书写内容来占到我的天头上面，他的书写又来填到你的底角里，甚至还有的相互蒙头盖脸、交错叠加的。除了对石刻有这种杂乱的感觉之外，那时就产生了几个疑问：这些字究竟有多少？这些字是怎样刻写上去的呢？

当然，这种感觉是儿时的记忆。后来又无数次来到摩崖石刻前。随着年龄的增长，对摩崖石刻的理解和认知，也渐渐从天真幼稚的感觉逐步进步到有了一知半解。这些石刻之所以显得杂乱无序，是有着特定的历史背景和条件的。其主要原因有三个：第一个方面是因为这些石刻不是一个人写的，也不是多个人在同一时间内写的。这块巨大的石碑，是经过了几百年的时间刻写才得以完成。

霁虹桥头的摩崖石刻局部

自从霁虹桥从木桥变成铁索桥的明朝开始，就有人开始在这块石壁上刻写文字。也就是说从明朝成化十一年（1475 年）开始一直到清朝末年，六百多年的时间里，这块石碑上的文字作品不断地增加、丰富。时间跨度这么大，刻写上去的形式、标准自然不可能统一。另外一个原因是刻写石碑的人各有所好，各有各的书写特长和凿刻偏向，加之书法修养和凿刻水平也在不同的层次上，不可能统一标准，所以字体、字序不乱是不可能的事。第三个原因是石壁再大，毕竟容量有限。数百年的时间，经过霁虹桥这里的人不计其数，这些人当中想在这里留下痕迹的过客为数不少。那些来到这里的冲动者们，在找不到合适的空白地方时，就出现了不顾及前人书写的章法秩序，而在前人的作品上任意加写加刻的现象，最终导致石刻作品出现相互交错、相互重叠的现象。

这种本身就混乱重叠的现象，加上经过多年的风吹雨淋、自然剥蚀、青苔印染，还有博南古道的沉寂、摩崖石刻很少有人问津等方面的原因，最终导致关于石刻的记载资料不仅稀少，而且粗糙。比如说至今也没有人把所有的石刻作品精确地统计出来。从石刻作品的件数，每件作品的字数，都没有精确的统计。不过，大部分摩崖石刻的字迹还是清晰可辨的。尤其是那些字大如斗、雄浑壮丽的部分，在江对岸，甚至几公里之外就可以清清楚楚地看到。比如处在整块石刻正中有一个最明显的“通”字，三米见方，离桥三四里开外就可以看清楚这个字的笔顺、笔画。

这些完整清晰的摩崖石刻，据统计，一共有三十余件。这三十多件石刻作品，集历史价值、书法艺术、文学艺术、石刻艺术为一体，成为研究博南古道、研究霁虹桥最为重要的历史资料。博南古道与古道上的马帮，由于它自身的流动性，它作为一种文化现象很难沉淀为一种具体的符号。霁虹桥头的摩崖石刻，是整条博南古道上难能可贵的一个历史文化沉淀，是博南古道辉煌历史的唯一见证，是博南古道以及马帮文化经过几百年沉淀下来的一个难能可贵的生动符号，同时也成为博南古道上最为耀眼、最为亮丽的一道人文景观。

这三十多件石刻作品，从书法艺术的角度看，包括楷书、隶书、草书、篆书各类字体的作品都有。从作品的体裁来看，题词、古诗、对联都具备。从刀法上来看，整块石壁上，各种刀法齐备，而且还不是简单的阴阳分类，包括斜阴刀法、浑圆底阴刀法、阴刻平底刀法、阴裹阳刷边双线刀法、单线刷边刻刀法。

桥头的摩崖石刻，是霁虹铁索桥的孪生兄弟，在它们同生同长的过程中，命运各不相同。霁虹桥多灾多难，几经沧桑，最终没有逃脱大自然带来的毁灭性的灾难，于 1986 年彻底损毁。而桥头的摩崖石刻从开始那一天，就有一个繁盛的势头，越来越多，越来越丰富多彩，基本没有经受过破坏。每次在肆虐的江水卷走霁虹铁索桥的时候，摩崖石刻都在见证着它的再次重修。但是谁也料想不到，这块凝聚着博南古道千年历史文化符号的珍贵碑刻，却因为技术和资金等原因，无法保存下来，就要毫无余地地永远消失，原因是下游小湾电站的蓄水发电，将使摩崖石刻沉入水底数十米，那时的摩崖石刻将以鱼虾为伴，任由江水冲刷。不知无情的江水在洗刷石刻文字的时候，能不能找到吞没霁虹桥时的快意。

第三章

古道人：长路当歌，行者未逝

博南古道是“蜀身毒道”上的重要地段，自云南驿至缅甸，古道上的探险家、旅行家、文人、商旅、官家，你来我往；永历皇帝、徐霞客、马可波罗、林则徐、邓子龙、斯诺、徐悲鸿、艾芜等等，身影犹在。历史的时空在此交错，古道众多的名人在此碰撞，擦出了灿烂的火花，在永平历史上留下了深刻的文化印痕。

博南山人杨慎

杨慎能在逆境中竖起巍峨的人生丰碑，与他超于常人的道德修养、文学修养、胸怀境界是密不可分的。而这恰恰是大师的标志，也是他被云南老百姓津津乐道的原因。

永平的博南古道旁有许多文物古迹，每年都要吸引众多游客寻幽探胜，其中值得一提的是隐藏在博南山莽莽林海中的“杨升庵祠堂”遗址。此遗址占地三十平方米左右，从残存的一米多高的长满青苔的两面石墙可推知“升庵祠堂”的规模、格局。而满地的青苔、枯枝败叶以及蛛网、阴暗潮湿的环境气氛，则让人想到杨慎的悲惨遭遇。难怪有的人寻到“杨升庵祠堂”遗址后竟伤心得哽咽失声。也许有人会问，为何莽莽大山中会有杨升庵祠堂呢？

这还得从发生在1524年7月的两场廷杖说起……

明嘉靖三年（1524年）七月十七日，京城午门外一片晦暗肃杀、阴森恐怖的气氛。134位被捆住手脚、脱掉裤子的大臣脸触地、背朝天趴在地上。每个大臣身边立着一个杀气腾腾、手持朱漆木棍的行刑军士。左边30名太监，右边是30名锦衣卫特务，他们是监刑官，一场即将载入史册的廷杖就要开始了。明朝的廷杖仪规十

分森严恐怖，廷杖由打人者、监打者、被打者、观打者四种人组成，缺一不可。为了杀一儆百，所有朝廷官员都要到午门外的丹墀下观看打屁股，欣赏皇帝的杰作。只听监刑官一声威严地吆喝“打！”顿时，上百根棍子上下飞舞，“噼噼啪啪”声此起彼伏，直打得大臣们皮开肉绽、血肉横飞、哀号震天，其中 16 人当场死亡。在这些被打的人中，就有杨慎。怎么当今状元也被打屁股呢？答案很简单，都是“议大礼”惹的祸。原来，正德皇帝武宗死后，因没有儿子，堂弟朱厚熜“兄终弟及”，继承帝位，是为明世宗，年号嘉靖。世宗登上皇位后，就发生了争议新皇帝生父尊号的事件，史书上叫作“议大礼”之争。因世宗欲追尊生父兴献王为皇考恭穆献皇帝，杨慎等众大臣认为不合礼法，坚决反对。嘉靖三年（1524 年）七月，杨慎两上《议大礼疏》，后与众大臣跪在午门外哭。世宗震怒，于是七月十五日杨升庵被关入狱中。他在七月十七日、二十七日遭受两次廷杖后被充军云南永昌卫（今保山）。

经过一段时间的医治后，他便拖着伤痛的身体于嘉靖四年（1525 年）正月踏上谪戍永昌的路。不知翻过多少崇山峻岭，也不知蹚过多少河流、小溪，杨慎终于走到博南山的尽头。看着山脚下波涛汹涌的澜沧江，他知道只要走过江上的铁索桥，便进入永昌卫的治所，再由“梯云路”翻过江对面高耸的罗岷山，离老朋友张含的家就不远了。一想到在举目无亲的异乡能得到老朋友的照应，他忐忑不安的心里便感到一点安慰，脚步也不由轻快起来。当他沿着九转十八弯走到澜沧江边时，三个男人沿着石崖旁的小路快步向他迎来。为首一个四十多岁的中年人朗声叫道：“用修学兄，远道而来，辛苦，辛苦！”他抬头一看，不由喜出望外，原来是张含、张志淳、张合父子三人远道来迎接自己。忙连声致谢：“我一个戴罪之人，有何德何能，敢劳学兄、张伯、贤弟远道来

升庵画像

迎？诸位一片深情厚谊，升庵没齿不忘。” 杨慎与张含远隔万水千山，又没一起读过书，怎么互称学兄呢？原来，杨慎的父亲杨廷和在京城为官时，张含的父亲张志淳也在京城为官，二人虽然官职不同，但由于公务的原因和兴趣爱好相同，常在一起喝酒吃饭、吟诗作词。一来二去，杨慎与张含就成了世交，因而彼此互称学兄。当杨慎谪戍永昌卫时，他首先想到的就是张含，希望在异乡能得到老朋友在生活上的关心照顾。杨慎进入永平后，便到处打听张含的消息，却杳无音讯。然而让他想不到的是，张含也在到处打听杨慎的消息。当张含从来往的客商口中知道杨慎的行踪时，父子三人估计杨慎快到澜沧江畔，并准备了麂子干巴、火腿肉、香肠及当地最好的蓊酒前往兰津桥东岸迎接杨慎，为老朋友接风洗尘。

博南古道被世人淡忘，古道上有很多东西更是被忽略，这块升庵祠前的记碑，也只有躺倒，任凭枯叶敷面、雨水浸渍

四人说说笑笑来到桥头的武侯祠，杨慎拜谒过诸葛亮的塑像后，四人便在祠外喝酒闲聊，叙述离别之情。一番唏嘘感叹后，张

❶❷ 博南山顶古道边，已是残垣断壁的升安祠遗址

志淳说："兰津桥是东来西往的必经之地，西岸的石壁上就有前人的刻字、题诗。贤侄才思敏捷，文采出众，此行不可不写诗留念。"张含笑道："古人每临胜景，必吟诗作词。昔王勃登滕王阁，有'落霞与孤鹜齐飞，秋水共长天一色'饮誉四海；范仲淹登岳阳楼，有'先天下之忧而忧，后天下之乐而乐'为人称道；学兄文采见识不在前人之下，何不吟诗作词，以壮其行呢？"17 岁的少年才子张合抚掌大笑："杨大哥不如就写眼前波涛滚滚的澜沧江和我们欢聚的场面吧，这可是千载难逢的好题材啊！"看着眼前谈笑风生的张含父子，杨慎不由心潮起伏、感慨万千。两场廷杖让他对朋友、社会、人生有了深刻感受，他有多少话想说啊！于是在边饮边思中，一首名扬后世的千古绝唱《临江仙》就诞生了：滚滚长江东逝水，浪花淘尽英雄。是非成败转头空，青山依旧在，几度夕阳红。白发渔樵江渚上，惯看秋月春风，一壶浊酒喜相逢，古今多少事，都付笑谈中。

此词慷慨悲壮、意境深邃，给人一种饱经沧桑后的大彻大悟之感，读来荡气回肠。词的上阕开头两句从虚处、大处落笔，说明人生易逝、青山不老，让人平添万千感慨。确实，在青山、红日、大江这些博大永恒的自然景观面前，无论什么样的英雄豪杰都是昙花一现，最终都要被滔滔江水淘尽功名；无论成败得失、贵贱荣辱，最终都要消逝在岁月的风雨里。然而它哀而不怨、悲而不伤，在让人们感受苍凉悲壮的同时，又引导人们深入思考人生的意义和价值。杨慎就像一位睿智的长者，将人生的是非成败撕破给人看。我们在看破、看透、看空、看淡、看轻后，会获得某种人生的启迪。下阕是实写，小处落墨。杨慎首先为我们刻画了几个白发渔樵在澜沧江边的生活情景，他们或垂钓，或打柴，怡然自得，潇洒从容。因为他们见惯了春花秋月，也习惯了酷暑寒冬，无论四季怎样交替变化，都能从容应对。人生若能如此，谁还

能奈何我们呢？

这个人物形象表现了杨慎在经历人生的大起大落后笑对宠辱得失的乐观态度。

杨慎是这样写的，也是这样做的。

在遭受人生的重大挫折后，杨慎并没有悲观泄气、消极避世，而是心系苍生、不忘国事。当他发现昆明一带豪绅以修治海口为名，勾结地方官吏强占民田、坑害百姓时，不仅写了《海门行》《后海门行》等诗予以揭露："疏浚海口银十万，委官欢喜海夫怨。"并上书云南巡抚赵剑门，请求制止这种劳民伤财的所谓水利工程。他的《宝井篇》也对最高统治者"不要江山要宝石"的荒谬和愚蠢，进行了鞭挞和讽刺。更为可贵的是，他还著书立说，广交文人学士，到处讲学，传播中原文化，对云南文化做出了重大贡献。据《明史》记载，明代记诵之博、著作之富，推慎为第一。除二千多首诗词外，杂著多至 130 余种。四川省图书馆所编《杨升庵著述目录》达 298 种。其主要作品收入《升庵集》（81 卷）。内容涉及天文、地理、医药、动植物、金石书画、花鸟鱼虫、路途交通、民俗传说等方方面面。因而同代人王世贞评价说："明兴，称博学、饶著述者，盖无如杨用修。"《四库全书总目》则说："慎以博洽冠一时，其诗含吐六朝，于明代独立门户。"

杨慎在云南的三十多年中，并非全都住在永昌。还在安宁、大理、昆明等地住过。其间，张含曾多次探访过杨慎，杨慎也多次探访过张含。自然也多次在博南山的宁西禅寺（永国寺）喝茶，与住持和尚和其他僧人成为好朋友。因而对博南山充满深厚感情，于是自号"博南山人"。嘉靖三十八年（1559 年）七月六日，杨慎病逝，时年 72 岁。据说，杨慎病逝后葬于博南山（后迁葬于四川新都老家）。永平人为了缅怀这位落难才子，便在博南山建了一座"杨升庵祠堂"以示纪念。民国时，大理剑川文化名人赵藩为"杨升庵祠堂"撰写了一副对联："自号博南山人，唱酬遥寄张公子；地近宁西禅寺，英魂常依李晋王。"联语不仅表达了对杨慎的

赞美、崇敬之情，还说明杨慎葬于博南山。据《康熙通志》记载："杨慎归蜀，年已七十余，而滇上有谗之抚臣王昺者。昺，俗戾人也，使四指挥以银（锒）铛锁来滇。慎不得已，至滇，则昺以墨败。然慎不能归，病寓禅寺以殁。"这则史料中的"禅寺"，可能就是博南山上的宁西禅寺，它就在"博南古道"旁。由于当时交通不便、当权者妒恨等种种原因，杨慎病逝后，张含等一班老朋友无法将其遗体运回四川新都老家而就近埋葬，也合常情。如此说来，博南山便是"青山有幸埋才子"了。

杨慎能在逆境中竖起巍峨的人生丰碑，与他超于常人的道德修养、文学修养、胸怀境界是密不可分的，而这恰恰是大师的标志，也是他被云南老百姓津津乐道的原因。难怪人们纷纷在他常到之处立祠纪念。有人说，在云南老百姓中最受崇敬的三个神（或人）就是观音、诸葛亮和杨升庵。这是对杨慎的最大褒扬赞美啊！杨慎若地下有知，当为此感到骄傲、自豪。

张含迎候杨升庵的地方——江顶寺遗址

孤独的桂馥

老年离散的孤独，个性孤傲的孤独，灵魂无以慰藉的孤独，三重境界的孤独，成就了桂馥。找到桂馥在永平失落许久的印记，唤起对文化的重视与关注，于当下的我们，于后来者，都有重要意义。愿此文能稍稍慰藉一下那个被永平人民逐渐认知的孤独的灵魂！

桂馥，山东曲阜县人，和孔子是老乡。字冬卉，又字天香，号未谷、雩门，别号肃然山外史，晚年自号老苔，又自作篆印：渎井复民。清乾隆五十五年（1790 年）中进士。

桂馥在纵横历史和地域的概念间，都算得上是一流的，取得的成果也是一流的。

桂馥的一生勤奋刻苦、博学多才，学习涉及的领域十分广泛，取得的成果也十分丰富。他不仅贯通经史、潜心文字学，对于书法、篆刻、绘画等无所不精，又擅长音乐、戏剧等。

桂馥一生著述颇丰，有《说文解字义证》50 卷、《札朴》10 卷、《晚学集》8 卷、《未谷诗集》4 卷以及《说文谐声谱考订》《缪篆分韵》《历代经石略》《续三十五举》《清朝隶品》《后四声猿》等书籍传世。在那个没有出版社、没有发达快捷印刷的年代，能够留下这么多的作品，确实算是当时的佼佼者了。

桂馥书法

事实上，桂馥已站在了清朝“小学”（即文字研究）和“八分书”（即魏碑）的最高点上。至今他这两方面的成就还依然难有人及。

桂馥因此有着“清代说文四大家”“中国文字学双子星座”“八分书第一”“清代隶书直接通两汉的典范”“尽得汉隶之风神典范”等名号。因此他被后人誉为清代大儒，是实至名归。

从名字的字形上看：“桂馥”是一个生僻“桂”氏姓，加一个生僻的“馥”字作名，组成了一个生僻的名字。所以从名字的卦相上看，桂馥这个人，就注定是一个孤独的人，并且做孤独的事！

但是从字义上理解“桂馥”两个字的意思“桂花特别香”，那就是名如其人了。因为桂花是暗香型，从来不会张扬。

事实上，桂馥对于中华传统文化、对于整个云南，特别对于大理州的永平县来说，既树立了一种学者学问上的高度，也积淀了一种做官处世的人文厚度，理应是一张熠熠生辉的文化名片。

但追思反刍桂馥的生平及造诣，他是孤独的。他遭遇的孤独，一是老年离散的孤独，二是个性孤傲的孤独，三是灵魂无以慰藉的孤独。

首先来看桂馥遭遇了被离散的情感孤独。离家离乡、举目无亲的孤独，是一种情商孤独。任何年纪、任何身份的人都会感受过或感受到被寂寞袭击时的煎熬。

但这种孤独对于桂馥来说，既是最表象、最表层的，也是最刻骨铭心的孤独。

因为他是到了60岁时才被离散的。一个人一生大多要经历恋家、叛家、立家、蓄家、守家五个阶段。幼年时期离不开父母、离不开家；少年时期思想叛逆，总想离开父母、离开家；青年时期成立新的家庭，这是义务和责任；中年时期，一切为家庭的稳定和敦实着想；老年时期，收心收性，安享天伦之乐。

60岁的桂馥再有才华、修为再好、心胸再宽、道行再深，也是一个老人了，况且那时的人寿命没有现在长。对于任何一个老人，叶落归根，60岁已经是找归属感的时候了、是守家的时候了。同样，对于桂馥来说，与妻儿老小之间的亲情、熟人朋友之间的抱团、对家乡山水草木环境的熟稔情结，是60年岁月凝结造就的，放在任何时代的任何人身上都一样难以割舍。

桂馥60岁被任命为云南永平县知县，也就是在到了如今的公务员退休的年龄才被任用。这是一个无奈又无情的任用。可以想象，这个提拔任用，对于桂馥来讲，未必就是好事，所以也就没有带来多少喜悦，相反却平添了一些无奈。因为这个任用对于桂馥来说好似啃到了鸡肋，食之无肉，弃之可惜，而且是不敢丢弃的。同时这还意味着无期的离散，而且是多个层面上的离散：将与老少妻儿家人的离散，与孔圣先师、人杰辈出的家乡离散，与那个能承家学、能博览典籍、能买田筑借书园、“藏书万卷”的学问环境离散，是从山东曲阜那个政治经济文化高度发达的地方到边远的云南，再到云南边远偏僻的永平做个小小的知县。

但是一纸云南永平知事的任用公文，让他不得不割舍上述的一切，离开了他热爱并且努力经营的学问环境，也开启了他孤独人生的最后十年。

刚刚离开家乡的时候，他写下了一首《别潭西精舍》。在诗中他写道："梦里难抛潭上屋，眼前又做路旁人。秋风不肯留行客，先到燕南易水滨。"一切来得这么突然，似乎还在犹豫之间，还想着离别只是个梦而已，哪知道现在就已经孤单地在离家的路上了。冷凉的秋风飕飕地刮着，不容行人在路上停留驻足，好吧，那就先到燕南去乘船吧。从整首诗中可以看出：桂馥离家之前，由于性格的豪放和人生的单纯，他根本没想到事态的严重性。他没有想到（也许是来不及想）这是没有归期的离别，也是一个各种条件环境被置换得一塌糊涂的离别。当然，他也无法想象永平是多么的偏僻遥远，会给他带来的煎熬是如何深重。所以这首诗中描写的还是一般的别离情绪，表达的是淡淡离舍之情。诗中"难抛""眼前""不肯""先到"等词语，显示出离别意味着的一切似乎还是权宜之计。然而毕竟离别了。

大理永平如今在中国的版图上，已不算是边疆地区，而且由于自古处在交通枢纽上，现代热闹、躁动等元素，也多多少少会被人流、物流、信息流带来或渗透，该有的也都露头了。相较而言已不算怎么落后和蛮荒了。然而在桂馥来到永平的时代，那就未必了。那时的永平偏远、孤寂到何种程度，桂馥到任后有很多首诗描写过。

到了永平不久，在给家里的一封信里，桂馥写道："苦忆家乐园，应惭印绶虚。白头欢未尽，荒徼闷难徐。病中仍思酒，灯昏不废书。故人怜我在，何以慰斋居。"诗歌的意思可以这样理解：苦苦的思念万里之外的家园，怀恋家中的天伦之乐，感叹自己受任官职的惭愧。确实和家人在一起，并且做大学问，与到永平任小小的知事，两者怎能相比呢？官是当了，那又会怎样呢？徒有虚名而已。虽然白发苍苍，但人生的快乐还没有完全体验殆尽，侥幸的心情就已经完全消失，带来的只有难以消除的烦闷和苦恼。身体不行了，可

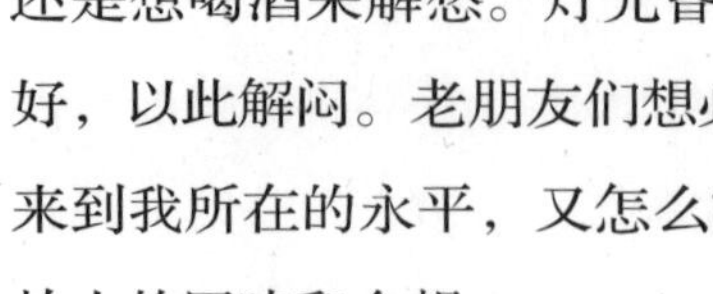

还是想喝酒来解愁。灯光昏暗条件差，可还是没有荒废读书的嗜好，以此解闷。老朋友们想必一定会谈起我、挂念我，可他们无法来到我所在的永平，又怎么能安慰我呢！整首诗都充斥着对旧事、故人的回味和念想。

这些孤独感是因永平而起的。他在题为《永平》的一首诗中写道："边地山城小，衙斋古寺荒；苍苔缘榻上，径鸟向人狂。箐边夷獠杂，阴晴气候凉；不知家万里，夜梦理归装。"诗歌中把在永平透心的凉、彻骨的冷表白出来：遥远边塞之地，坐落于山间的永平这座小城实在很小，就连我在的县衙驻地也是一座荒废的寺庙；青色的苔藓从地面一直顺着床脚往上长，小路边的怪鸟也竟然向过往行人狂鸣乱啾；深箐边上，那些围猎的当地土著嚷叫嘈杂，也不知道他们在说些什么；这个地方无论有没有太阳的时候，都一样阴冷潮湿；梦中不知道我离家有万里之遥，可笑的是，随时会在梦里不自觉地整理行装、准备回家。

他在题为《行县罢独坐口占》中写道："囹圄生榛莽，衙斋引薜萝；无书慰岑寂，岁月易蹉跎。"囹圄生榛莽，衙斋引薜萝：就像牢狱里生长着有刺的榛栗和有毒的莽草，我所居住的这个荒寺衙门则长进来许多味重的蕨蒿和藤蔓。无书慰岑寂，岁月易蹉跎：没有书来安慰高度寂静的日子，这人生也就极其容易被荒废了。不仅孤独，还在焦急，焦急所做的学问被荒废。诗歌中，桂馥把自己的衙斋与牢狱相提，足见其日子寂寞煎熬到何种地步。可以说对这种煎熬已经到了无可奈何的程度。

桂馥在《题升庵杨太史遗像》一诗歌中写道："犹见东华痛哭时，竟无万里召还期。逐臣只合投荒死，大礼何曾有定辞。"

诗歌中的杨升庵因议大礼事件，被充军发配云南永昌 36 年，按明朝大律，年满 70 岁自行解除发配刑处，可以回家了，但是当他回家后，却被遣返回发配之地，死在了永平。这个自号"博南山人"的明朝才子的命运与桂馥惊人的相似，尤其是在年少时的家境、个人才学、后半生的遭遇等方面都有共同点。所以桂馥在杨慎

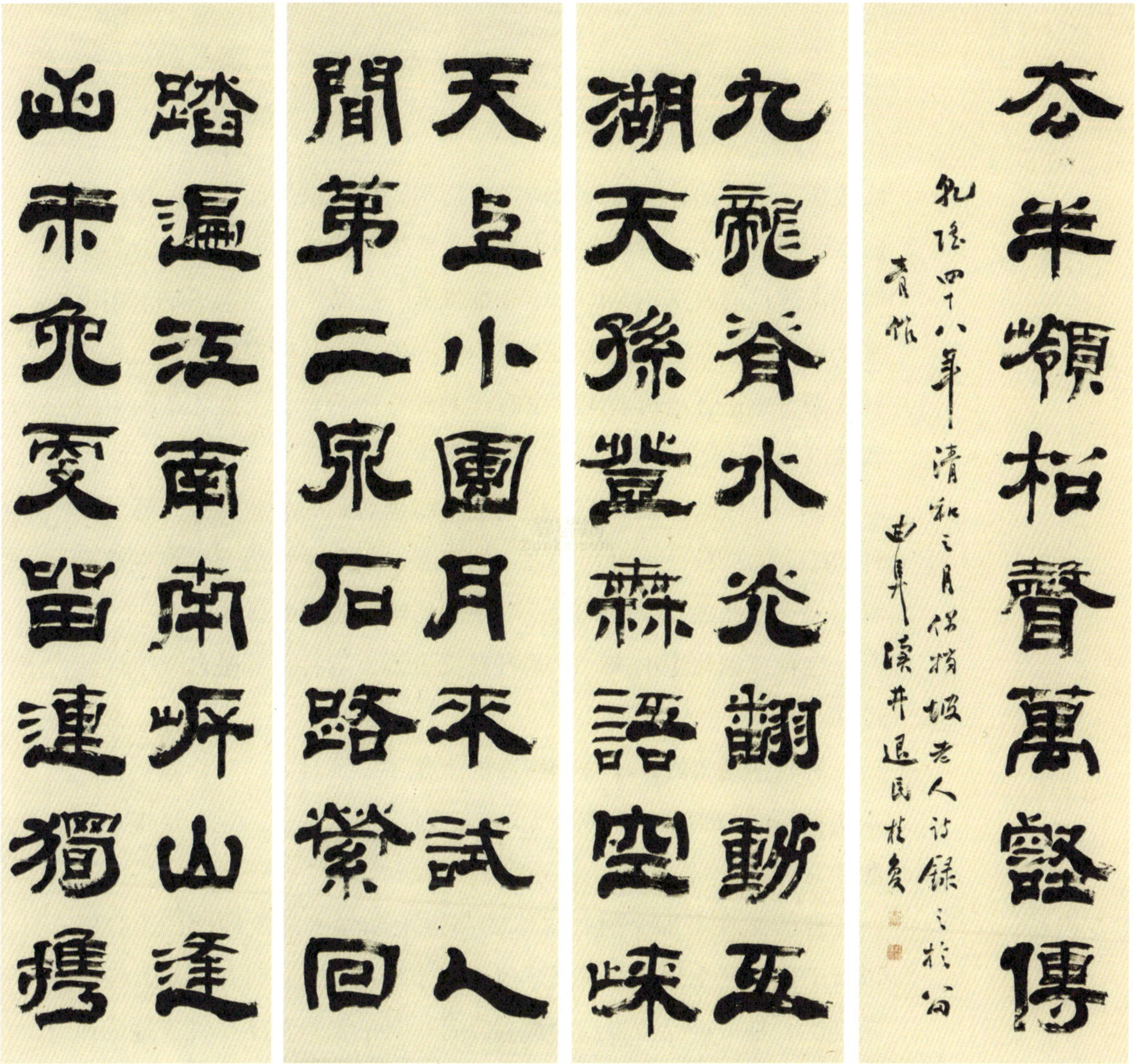

发配之地见到他的遗像时，抒发万里无归期，自己大小虽然是朝廷命官，但与发配充军亦无两样的同病相怜的哀叹，那是自然而然的事了。

这些诗歌，都表达出同一个主题：离散孤独。都写出了桂馥当时的真情实感，表达了桂馥在永平孤苦伶仃的寂寞。对于一个喜恶分明，智商情商都极高的学者、艺术家来说，两百年前的永平是冷的。这个地方没有亲人、没有书读，小小的衙门政务，从根本上消解不了桂馥思乡恋故的愁绪，也满足不了桂馥知天识地的韬略胸怀。

这种凄冷让桂馥在任永平县知事期间，创作了杂剧《后四声猿》。在剧中，通过对苏轼、白居易、李贺、陆游的生

桂馥的书法作品

活故事，演绎出这类诗人的诗意生活与人生追求。他们的创作在他们生活中给予了一种生命的力量，让他们的精神有了赖以附着的实体。桂馥也通过这出杂剧，十分细腻地、总结性地表达了沦落在永平十年的无奈，老年沦落在天涯的内心愤懑以及无限感伤。当然这种愤懑、感伤，也折射出那个时代的社会体制对于个人才华的束缚和埋没。

二是桂馥的个性孤独。桂馥老年所遭遇到的离散孤独，那是一种情感上的孤独、一种切肤之痛的孤独。另外，桂馥一生都在遭遇着另外一种孤独：个性孤傲，带来的品位格局上的孤独。

这种孤独与生俱来，从某种意义上说，这种孤独是自我个性营造的。

有句话说得好：不是高智商的人是不会孤独的，只会寂寞。这是两种不同的感受，寂寞会无聊，孤独会促人深思。这句话正是桂馥的写照。

桂馥站在了那个时代学术的高点上和学术潮流的冷门上，所以就遭遇了一个学者在学派学风上的个性孤独。这种孤独从人性的角度讲，是一种品位格局的孤独，是一种能量释放于个性天地的孤独，其过程已经是一种洒脱人生的消遣。这种消遣已经是一种精神上的享受，不再是被时空煎熬的寂寞。

做官、做学问都会碰到相同的问题。“高处不胜寒”隐喻的是官场上处在高层的孤独。好像金字塔一般，越是处在权力的高端，看到的精彩也就越少、看到的同类也就越少。在学问上同样如此，身处学问的高端，往下看：看到的事物就越真实、处世的态度就越理性，同样，同类也就越来越少了。这是做官与做学问的相同之处。而这也有不同之处：处在官场高端，还有人附和，处在学问高点就必须是自娱自乐了。而到达金字塔的过程也有相同和不同的地方。

从出生到 70 岁，桂馥一直固执地、乐此不疲地做着学问。

桂馥自小对于读书“好之若饥渴之于饮食”，就是说，他和古代的所有学者一样，从接受启蒙教育开始，便在接受汉字的识字、写字、读书的训练。而且他只要有书读，连饭都可以不吃，连水都可以不喝。这种天生的嗜好，用今天的话说就是天生是块读书的料，是天才。那么这种不吃饭、不睡觉的读书，读的书之多、读的书之广是可想而知的，他在学识上的渊博也就是自然而然的事了。

他不仅自己喜欢读书学习、善于读书学习，他还提倡读书学习，努力营造读书学习的氛围。他有个朋友叫周永年，两个人可谓是志同道合，共同有着繁荣发展文化事业的想法。在来往当中，都想做点实事、好事，于是就付诸行动。两个人凑了钱，在山东济南五龙潭西面买了一块田地，建设“借书园”。“借书园”落成后，没有直接称“借书园”，而是取名“潭西精舍”。桂馥还亲自撰写了《潭西精舍记》一文，刻了一块石碑立在了五龙潭的旁边，据说现在这块碑仍然在原来的地方保存着。他们还花钱出力收集了各种各样的图书典籍，使园里的书籍总数达到上万卷。

“借书园”的建成，发挥了三个方面的作用，解决了三个问题：一是解决了文化活动场所的问题。文人好友们经常聚会切磋，在这里开开笔会、搞搞画展、开开讲座；二是解决了文化传承和文化宣传的问题。人们到园中阅读书籍、传抄资料，当然文化氛围也就营造起来了，人们的文化水平也就提高了；三是解决了无书可读的问题。面向社会免费借阅，这就解决了贫穷人家的子弟无书可读的问题。这个问题在现代社会都是一个大问题，更别说那个书少、书贵，书还被管制的时代。这两个读书人，做的一件自认很普通的事，在当时并没有引起多大反应的事，却不经意间，开创了一段新的历史：他们的借书园成为我国第一个私人开办的公共图书馆。

以上所讲，说明了一个问题，那就是桂馥为什么能够站

在学问的高点上，是因为他对读书学习的钟情、厚道。

我们今天有一句骂人的方言用语叫时代“坼人”。就是指对周围的人不会低头、不会迎合，对周围的人不会轻易地迁就认同。不会低头、不会迎合、不会迁就认同，这样朋友、同类就会少，不孤独才怪！

桂馥就是这样的人！但是桂馥的这种“坼”，并不是心理纠结，而是学者与世俗之间的一种隔阂。

桂馥与世俗之间的隔阂，是没有到云南任职前就有的了。

桂馥在高智商打底的基础上，同时在付出百分之百的努力和心血后，所拥有的学识一方面会让他觉得学海无涯，在学问上谦虚。但另一方面，所掌握的知识，会像一根握在手中的撑竿，把一个人的眼界、心胸、思想撑到高处，让人有了拔地而起、天马行空般自由翱翔的感觉。这种时候，他和世俗之间就有了距离，而且是站在高处俯瞰低处的距离。

这种时候，人的思想一般不会跌落，而生活生存的状态却很容易跌落，这种跌落的感觉就是孤独。

这种时候，思想上的不跌落，就是坚持己见，就是坚持真理，所谓真理往往掌握在少数人手里，就是这个道理。这种坚持真理的过程，需要的就是消受孤独的耐力。这种坚持就是一种品格、品德、品位的酿造过程。常言说，真理不如谣言好使，就是因为谣言是催生出来的，真理则需要在无声无息的寂寞当中窖藏出来。

所以学问高了，学风品味自然非同一般，那一般般的热闹就不能满足自身的需求境界、一般般的成就也就不会自以为是了。

桂馥非同一般的学风品味体现在三个方面：

一是桂馥治学不跟风。他从来不是哪样吃香就整哪样，像现在诗歌流行就写诗歌，散文流行就写散文，小说可以改编成剧本卖钱就写小说，甚至干脆就直接写剧本罢了。这也是他孤独的秉性根子。

桂馥生活在清朝乾嘉时代。在乾隆时代，清朝文字狱登峰造极时期。文字狱是用以管制、迫害知识分子的一种文化恶劣手段。具体的说就是故意从作者的诗词中断章取义、摘取字句，罗织成罪，有的甚至因一个字招来杀身之祸。雍正时期，翰林院庶吉士徐骏，在奏章里，把“陛下”的“陛”字错写成“狴”字，雍正见了，马上把徐骏革职。后来，还不就此罢休，又从徐骏的诗里找出了“清风不识字，何事乱翻书”等诗句，说这是存心诽谤，犯了“大不敬律”，最后把他斩首了。

这种时候，谁还去写诗、写文章？

所以，这个时代人们都转向编撰史书、考据经典的“朴学”。也就是说，那个时代最热门、最吃香是“朴学”。当时大部分社会名流、知识分子都端起了“朴学”这个饭碗。但桂馥却偏偏不随大流、不被时尚包围，选择了“小学”这个冷门学派，“小学”即文字学，进行文字考据。

桂馥的书法作品

在这非主流的学问门类上，桂馥数十年如一日地潜心研究，穷尽毕生精力。桂馥努力40年，以《说文解字》与其他无数的经籍相互对比、相互参照、相互疏证，写成《说文义证》50卷。还撰有考证经义、文字、名物的《札朴》10卷。著作中，他都援引了十分丰富的经典书籍的内容作为证据，十分详细地分辨论证。在引经据典的过程中，还深入地进行思考，最终达到融会贯通的效果，让后来者便于学习掌握。

桂馥非同一般的学风品位表现的第二方

面是：直言快语，于人于己都不含糊，坚持严谨治学态度。

他致力于“小学”的时候，看到大行其道的热门学派“朴学”中，有的学者叙述不准确，用字用词不太严谨的弊病时，他也并非两耳不闻。他站了出来，批评指出这些所谓的学问“使学者劳思虑而不知道，费日月而无功成”，意思是说这样的学问会让人白白地浪费时间、浪费精力，最后一事无成。

就是在朋友间遇有不同意见时，桂馥也会毫不客气地讲出自己的见解，直截了当地说出与别人的不同意见。如王念孙认为“愤”与“慎”同义，桂馥就引用《文选》卷十四班固《幽通赋》里的内容，以此质问王念孙。

更为可贵的是，当他发现自己的意见错误时，也毫不客气地对待自己，能及时加以修正。如著作中关于“屠各”的词条，他从《后汉书》及《通鉴》关于“屠各”的记载中，了解到“屠各”为羌之一种后，坦率地承认以前的错误，注释到“余编《缪篆分韵》，误释‘屠各’”。

这种自求孤独的秉性，对于做学问有好处，对于做人却惹人生恨，不能卖乖取巧。相反会招惹是非、自讨没趣。

桂馥非同一般的学风品位表现的第三个方面是：桂馥不仅有孤独的秉性，还有孤独的底气和高度。

桂馥在治学之余，精研汉碑，在隶书一体上取得了前所未有的成就，他的书法在当时的社会上就有广泛影响。当时他写的字十分受追捧。“下笔特工八分，往往脱手辄为人持去”，“片纸只字，人争宝之若球璧。”说的是他写的书法作品，往往刚刚写完，马上就被人抢去了。哪怕是写出一个字，或者一小页，不管什么内容，人们都会像得到璧玉宝贝一样去争讨。

有人评价他是“百余年来，论天下八分书，推桂未谷第一”。意思是说100年以来，要在书法上排位列序的话，桂馥应当排在第一位。又说：“六朝以后无隶书，桂未谷先生出，始接秦汉。”意思是说从汉朝以后到清朝这段时间，就根本没有隶书书法和作品

了，断了代，一直到桂馥出现才把这断代接上。由此可见前人对桂馥隶书就有充分的肯定。如今桂馥传世的隶书作品很多，也很值钱。

桂馥是个率性的人，所以他对自己的隶书，也有充分的自信。这种自信是建立在他对汉隶的全面临摹和学习上的。

桂馥在诗中还记录了他对于汉隶和学问的勤奋努力情况："海内儿人通隶法，眼前万里到书邮。且抛案牍三行判，静对琳琅半日休。新像自难追旧本，原文回想玩双钩。"

清嘉庆四年（1799 年），身在云南的桂馥收到老朋友黄易从几千里之外寄来的汉碑双钩本，兴奋之际，公务都可以置于一侧："且抛案牍三行判，静对琳琅半日休。"看着眼前的双钩本，桂馥还想象着汉碑本来的形制。

在公务之余，他"令衙终日少人来，独抱遗经绛帐开"。

在《衙斋日课图》中有云："州郡劳人强自排，薄书终日案成堆。吏人衙散花阴转，解带抽身作秀才。"诗中句句表达出他忙里偷闲、饱读前人经典书帖、时刻不忘钻研学习的情形。

桂馥有首七绝："一枝沉醉羊毫笔，写遍人间两汉碑。不遇中郎识焦尾，白头心力有谁知！"他还感叹：除了汉末蔡邕堪称知音外，天底下无人晓得自己于隶书所耗费的精力和心血！

这种自信，在他的古诗《秋鹤席上醉歌》中也有痛快淋漓的表达："兴酣落笔无束缚，墨汁不顾沾裳裙。横卷直幅尽挥洒，苦无余纸书嘉文。旁观畅意呼大好，一赞亦足张吾军。乃知工拙在气势，较量肥瘦徒纷纭。吴君，吴君！但愿日日饮酒书八分，富贵于我如浮云！"

有了以上这些描写里的彻底付出，桂馥就有了彻底的思考、有了彻底的顿悟、有了足够的底气，于是他个性张扬的一面也就自然表露出来了，说话也就大胆了。他对同时代的

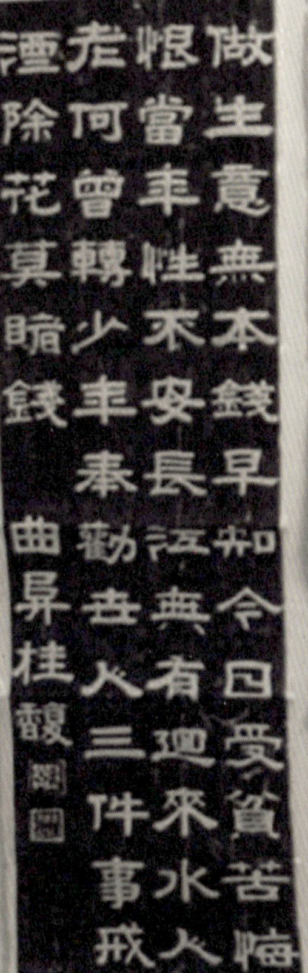

桂馥的书法作品

其他一些书法家的隶书，有些直接的批评。他认为他们的作品“徒以力矜”，或者“搔首弄姿”，或者“恨无金丹换骨”，或者“未免英雄欺人”“聊复尔尔”，“ 如左手持螯，睥睨食肉人。”“如廉颇善饭，以示可用。”桂馥说他们的隶书要么花力气自我约束、放不开，要么缺乏功底、虚浮媚俗，总之在他看来，尽是一些无聊、自娱自乐的东西。

这种直抒胸臆的狂傲性格，绝对不会讨人喜欢。不会媚世、媚俗的桂馥，注定会被孤独围绕。这种孤独是自我的，是自己营造出来的。

这就是站在学问高点上，必须承受的出类拔萃的孤独。

三是无以慰藉的灵魂孤独。从文化的角度讲，桂馥在永平十年，是永平近两千年的建县史中，最为亮丽的一道彩虹。但遗憾的是这道彩虹几乎没有留给人们什么记忆。

这无疑是桂馥灵魂的孤独。

第一次听说桂馥这个名字是一个很偶然的机会。

1998 年，我刚从教师改行从事电视新闻工作。因为入了新行，所以特别注意学习。其中学习的内容之一就是：每天必须看新闻节目。从中央电视台的《新闻联播》到《云南新闻》，再到地方台的新闻，只要有闲暇和空余时间，都认真看。哪怕抽身也要看一看。

有一天在《云南新闻》中，有一则报道，引起了我的注意，因为里边提到了“永平”二字。大致意思如此：在昆明某个地方发现了一张珍贵的清朝仕女照片。把这张照片作为新闻报道，其原因不是因为照片上的美女如何绝色倾城，而是美女身后的背景蹊跷。背景是一道大户人家的院落大门，大门上有一副对联。书写对联的是桂馥。这则新闻报道的主要内容是桂馥，因为桂馥在云南做过官，官职就是永平县的县令。新闻里主要就是说桂馥的书法作品稀有珍贵。

当时，我对桂馥一无所知，对永平历史上的名人骚客也一无所知。所以在《云南新闻》里看到这样的新闻，简直就像学逮耗子的猫，开始特别关注起了这条线索。

当时我就觉得，桂馥在永平当过县令，《云南新闻》都在报道，他一定是一个非常了不起的人物。这是“永平人”的骄傲嘛，是我的工作需要了解的，也可能是好多永平人需要了解的。说直白一点就是：我需要在永平寻找一些关于桂馥的东西，然后以新闻或是其他的形式传播出去，宣传嘛，就是以提高地方的知名度为要务。

但事与愿违。事实上却恰恰相反，时至如今十多年又过去了，可以肯定地说，在永平 18.3 万人中，知道“桂馥”这个名字有点伟大的人，可能不会上千人，从“桂馥”身上获得点骄傲和自豪感的绝对不会上百人，从“桂馥”这个文化符号上获得点自信的人恐怕不会上十人吧。

通过十多年的努力，从媒体或外地的书籍中搜集、了解，我才知道桂馥在清代的文学历史中，可是一位响当当的人物。所以在我心目中，桂馥就应该供奉或伫立在他的山东曲阜老家，或是永平的某个地方。但是不知道什么原因，桂馥在老家也不是很有名气，而在永平任县令的历史情节，更是被历史的故事剧本完全删剪和忽略了。

后来我想，也许这就是驿站文化的特点吧。驿站本身就像古道一样不缺乏几千年的历史，但是驿站一旦处于永久的枢纽之上，热闹不会沉寂，前沿时尚不会断续，那么驿站就会永远缺乏具有百年历史的马店或者说是建筑。驿站的思维就是对所有过往者一律都是见惯不怪：来了就来了，去了也就去了。恐怕是因为这些来来去去的各色过客良莠不齐、鱼目混珠，让驿站的人相对对生活中该沉淀的一切事物都听从于自然，刻意留守、认真打造等等都是马帮的弱项，是马帮文化的缺憾。

桂馥 1736 年出生于山东曲阜，于 1795 年也就是 60 岁时远赴云南省，任永昌府永平县知县。嘉庆十年（1805 年）在永平离世，终年 70 岁。在永平近两千年的历史中，桂馥是最有成就的一个知县，是中原内地派遣到云南做官当差的一个典型代表，也是永平边屯文化中人文文化里最为精彩的一页。

桂馥到永平任知事，虽然遭遇了刻骨铭心的离散孤独，也消受了自己个性孤傲带来的品位格局上的孤独。但是对待工作，他没有懈怠，他也不可能懈怠，因为他的品格和品味决定，他做事就是认真、就是负责。在老家他都想着给穷苦人家的孩子建盖免费的读书园，更何况，到了永平成了永平人民的父母官。他在永平“为政宽简，辖境而治”，可见他还是尽职尽责、兢兢业业，并没有因为个人喜好隶书、做“小学”之大学问而耽搁了政务。可以说，桂馥对永平这块土地也是有情有义的。

他在永平的 10 年间，至少在四个方面有所作为。第一是他刚

刚来到永平，就表现出了他那种凡事认真、毫不含糊的性格。具体的做法是狠抓工作纪律、整治不良作风，用制度管人、管官员，使整个衙门秩序井然，工作效率提高；二是注重调解各个民族之间的关系，关注老百姓的具体生活问题，使得地方老百姓民心安定、生活平安；三是在具体的建设工程方面，疏通了县城容易泛滥成灾的几条河道，并在城西菜园河上建起了两座单孔石拱桥，定名“普济桥”，后人敬称为“桂公桥”。为城里老百姓的房屋建设做设计规划，使城里住户有秩序地进行居住，同时也把荒凉破旧的古寺衙门重新进行了修缮；四是发挥他的特长，重视地方文化，发展地方文化，他致力建设学堂，亲自到学堂讲课，为地方培养了不少人才。通过桂馥的治理，永平在清朝中期出现了一个经济发展、文化繁荣的时期。李根源对他这样评述：“曲阜桂馥，深于经训小学，为当时大师，且值承平之世，亦未措意及此。”

勤政十年，没有功劳，也有苦劳，而且他是永平近两千年的历史中所有知县里，唯一一个怀揣巨大知识能量来治理永平的，也是一个能够站在中华传统优秀文化的制高点上，对永平进行治理的人。

所以，按照常理桂馥在永平应该有一个深刻的烙印、应该是一个家喻户晓的文化符号。但事实绝非如此。

以上所讲的这些有关桂馥的信息，十多年来，我在永平的任何典籍里都无法搜索到只言片语，哪怕一个传闻故事、一句儿歌童谣里，从来没有提供任何线索。以上所述，也仅仅来源于十几年的零星收存而已。

所以让人感觉到十分遗憾的是：我们对待桂馥，至今也还一如当年那样冷漠与不屑。整个永平县，认识其人其事的寥寥无几。哪怕现在重提桂馥话题之时，百分之九十九的永平老乡们都会一脸疑虑。即便是热心地给他们介绍，他们也会说那不就是一个外来永平当官的人嘛，与我有什么关系呢？但是如果没有桂馥这样的外地学者官人，就没有我们永平所有历史的轮廓和故事背景，就没有我们今天赖以生存生活的文化天空。另外桂馥一生学问高深，官至永平知事，就他的成就与他的名声地位而言，至今未能对等，而且存在太大落差。

这也就是桂馥灵魂未能得以慰藉的孤独吧！

再说桂馥到永平，不仅消受了十年远离家人、只身独处于边隅山城的孤独，之后到现在的数百年，人们对桂馥的冷漠与不屑，对于逝者来说，是无所谓的，但对于现代社会来讲，这种冷漠与不屑是一种传统文化丢失的预警。

这种预警，逼迫着我们不得不从桂馥现象上进行自我解剖，进行反思。

我们常常听到那么一句话："永平的历史是悠久的，但却没有文化。"

为什么有这样的说法和结果呢？连桂馥都遭到彻底的冷漠和掩埋，其他文化现象就更不可能积蓄、沉淀下来了。

所以今天，我们有必要得出一个有益于传统文化继承的思路，有必要得到怎样对待桂馥及其桂馥一样事物的方式。这样一个地方才会从流沙一样的时代中，沉淀下来生辉的金点，以济后人。

听说一些真实或者不真实的故事，说有的地方在争潘金莲的出生地，其目的是很明显的，利用潘金莲的名气，增加地方的知名度，自拍自炒，最后获得发展，无可厚非。今天追溯起桂馥来，却有一点体验，桂馥不如潘金莲。传统意义上潘金莲，是一个传统道德的反面符号，现代理念上的潘金莲虽然已经有些转型、翻案，但无论传统的还是现代的潘金莲都是一个小说人物、一个演绎出来的人物。人们关注好奇她的人生，于是与她有关的电影、电视剧拍了一版又一版，拍一次火一次，最后导致她的出生地也成为卖点，也是顺理成章的事。

桂馥曾经在永平十年，病死在了永平。功利一些的说法，他就

是现在永平的卖点。尤其在现在发展文化产业、复兴传统文化的大好局势下。桂馥应该得到永平人的尊重和怀念，而对桂馥的尊重，就是对传统文化的尊重、对历史的尊重。对历史的尊重、对传统文化的尊重，对于我们来说是自信、自强、自立的需要，也是生存和生活最基本的需要。

这一点，说难不难，说简单也不简单。只要我们了解一点、知晓一点、偶尔在意一点，把我们自己放在历史的长河中审视，"我"或"我们"就不算什么了，我们就绝对不会为了一时的满足感、一时的自我膨大，把一幢古宅轻易拆毁，就不会把一段有着和长城一样年岁的古道轻易改造，也就不会把桂馥一样的文化符号淹没了。

说简单也不简单，因为我们要发展、要进步，要紧跟时代步伐。这个幌子从来不缺乏号召力，任何人任何时候只要把这个幌子抬出来，都可以振振有词，都可以堂而皇之振臂高呼"推陈出新"。然而有时候坚守就是进步，坚守的事物就是财富，能够守住也就是发展和进步。

我的老家有一座全乡镇四五万人引以为自豪的老房子，处于古街道最繁华的地段，是典型的四合五天井。几十年前它还保持完整，后来作为乡党委政府的办公地点。乡财政特别拮据时，对老院子修修补补维持过日子。后来乡政府借着国家重点建设的机遇，改善了财政条件，于是老院子被毁尸灭迹。一幢崭新雄伟的三层宿舍楼在老院子的地基上拔地而起。最初的领导，为老院落该不该拆还慎重地开会讨论，决定保留。而后来者却依然拆掉了老房子。两者的出发点都是为了老家的发展，但是造福老家的结果却截然不同。

现在乡政府搬迁了，老院子以及关于老院子主人的发家传说、关于建盖老院子蔡家张木匠的传奇故事，随着老院子一起成了老家人的遗憾，并且被慢慢地淡忘。

一个骄傲符号的消失，就是一次灾难、一个悲剧。

生活中，一片森林，一条河流，一座矿山，一条古街，一个药方，一道家常菜，一个商号……谁能说守住这些东西会阻碍文明进步？相反守住这些东西，发展的机会就更多，文明的程度就会更加合理。老祖宗的饭碗我们时时刻刻都在端着，只是我们往往只注意到碗里所盛的东西，而忽略了盛东西的碗罢了。

桂馥在永平就像一幢老房子，是一幢无法拆除的老房子，但他较之一座真正的老房子要孤独得多。

老房子，有传说，有故事，有看头，有一部分人在一段时间牵挂、保护，只不过社会发展的流程一时间混淆了是非观念，人们价值取向往往欠缺完美和真正的理智，导致代表传统科学、传统美学的形式不时被毫不费力地摧毁，而且摧毁者在摧毁的瞬间还能享受到去旧迎新的快意。但不管怎么说，老院落都在家乡的正街道上屹立过！

桂馥呢？桂馥在永平的礼遇至今不如一院老房子。现在也有很多人知道桂馥的字画值钱，当然也包含我自己，都在到处访问寻找，但结果是，在这块桂馥生活了十年的土地上，关于桂馥没有一丝留痕遗迹，更不用说题墨画竹之类的宝物了。

桂馥在永平的十年孤独，是永平数百年的尴尬。尤其到了现在，一方面在苦苦寻求文化发展的支点，另一方面桂馥之类的文化精粹却被尘封。

桂馥虽然是一个小小的永平知县，但他始终在做着普济天下文明的大事。他彪炳千秋的学术造诣、名垂青史的书法成就、沉浸学术世界的人格魅力，给永平、给大理乃至云南带来了十年之久的深度熏染，应该是永平历史上最精彩的文化故事情节。

如今，建设桂馥纪念馆之类的行动，是给桂馥已逝灵魂的一个慰藉。关于桂馥的研究，应该是一个顺应时代的课题，也应该是云南永平文化发展、文化实现产业转化过程中的一剂强效良药。

徐悲鸿与永平的邂逅

徐悲鸿就是在途经博南古道时，与永平邂逅，有感于永平人民积极抗日的爱国行动，迸发国宝画作《愚公移山》的创作灵感。可以说，徐悲鸿与永平的邂逅，是一次爱国情感的交汇，是一颗明星与一片明朗星空的融合。

徐悲鸿

徐悲鸿是著名画家、美术教育家、美术理论家，中国现代美术奠基者。无论有多巨大的成就、多显赫的名声，他首先是一位富有正义感和民族气节的爱国画家。他的代表画作《愚公移山》所彰显的，就是他伟大的爱国主义情怀。

而云南省永平县，则是徐悲鸿爱国征程中的一个重要港湾。这里是一个军事制高点，是一个抗日大后方；这里有抵御外敌的军事前哨叮当关，这里有保证军需供给的生命线滇缅公路，这里还有无数保国卫民的爱国志士。

在抗日战争期间，时任印度国际大学校长的文坛泰斗泰戈尔，发函邀请徐悲鸿到印度举办画展，并到大学讲课。徐悲鸿毅然决定远赴印度，借机向爱国侨胞宣传抗日思想，募集抗日经费。因此，这次印度之行是抗日之旅、爱国之旅。徐悲鸿就是在途经博南古道时，与永平邂逅，有感于永平人

民积极抗日的爱国行动，迸发国宝画作《愚公移山》的创作灵感。可以说，徐悲鸿与永平的邂逅，是一次爱国情感的交汇，是一颗明星与一片明朗星空的融合。

永平县地处大理、保山之间，被定位为滇西抗战第二道防线的战略要地，抗日救亡的思想深入人心，正在举全县之力修筑滇缅公路，支援抗日前线。永平境内 78 公里路段，起伏大、岩层厚、森林茂密、河流密布，是工程中最为艰巨的一段。公路专家评价说：滇缅公路从耗费资金少、建设进度快两方面创造了纪录，创造了筑路史上的奇迹。永平的总人口不足五万人，却投入了义务工 104 万个，负责修筑的路段，早于滇缅公路全线贯通的时间 4 个月，创造了一个奇迹中的奇迹。

当时，日军对中国的全部海岸进行军事封锁，徐悲鸿到印度，只有一条陆路可走，就是博南古道。徐悲鸿经过永平时，在一个叫黑羊箐的地方，看到永平成百上千的老人、妇女、小孩、青壮年，头顶烈日，挥汗如雨，使用落后的工具，开山撬石、运送土石方。他们衣衫褴褛，但却个个精神抖擞。这个宏大的劳动场面让他深感震撼，一路走来，一路感动，不时拿出画笔、纸张描摹记录。永平人民就是画外愚公，是徐悲鸿创作《愚公移山》的原始素材。

爱国，是中国人高尚的道德追求，正是这种追求，形成了中国人团结统一、临难不屈的伟大民族精神。徐悲鸿和永平，就在这种道德追求上，找到了最大的共鸣。

为什么永平人民修筑滇缅公路会有那么高涨的热情？杉阳名人杨自培向徐悲鸿介绍：永平地处滇西抗战第二防线，抗日政策家喻户晓，加之当地有勤劳吃苦、爱国爱家的传统，抗日救亡就成了全县人民的自觉行动。徐

1

悲鸿听后，越来越受这里普通老百姓爱国情怀的感染，向杨自培提及一个很重要的想法，说想要创作一幅作品，用以表现滇缅公路建设热火朝天、感天动地的情景，歌颂滇西人民抗日爱国的思想和行动。

徐悲鸿在杨自培家住了半个月后，离开杉阳，跨过霁虹桥，继续西行。他几经辗转到达印度，举办画展，开展抗日募捐活动，十分忙碌。但有一段时间，他却把自己关进房间，很少外出。这个反常的举动让泰戈尔疑虑：是不是照顾不周

❶ 古屋一角

❷ 杨自培的旧居

让这位客人不高兴了？或者是他在印度的活动受到了阻挠？泰戈尔带着疑问到徐悲鸿的房间拜访。一进房间，泰戈尔就全明白了，原来徐悲鸿在潜心创作，满屋子都是习作画稿，足有一百多份。画稿呈现的，全都是同样的场景：在大山脚下，一个个身强力壮的愚公的子孙，赤裸着身体，为打通前进的道路，正豪迈地挥舞镐锄，开山劈岭，搬土运石，挖山不止。国宝巨幅彩墨画卷《愚公移山》就这样诞生了。这时候已经是1940年。徐悲鸿经过三个年头的构思酝酿，把中国画与西洋画完美地结合在一起，用巨幅宣纸表现剧烈运动中的人体，诠释《列子·汤问》里《愚公移山》的古老故事。这是他最宝贵的作品之一，是历史与现实相结合、中西合璧的杰出代表作。

时值中国人民抗日的危急时刻，《愚公移山》的问世，极具现实意义。徐悲鸿以形象生动的艺术语言、宏大的气势、震人心魄的力度，展现了一个古老民族的决心与毅力，赞誉了中国民众坚韧不拔的毅力和夺取抗日最后胜利的顽强意志。泰戈尔曾经问徐悲鸿，为什么要把那些开山挖石的人画成裸体，徐悲鸿回答：无论是英雄豪杰还是舟子农夫，都全靠身上的那几根骨头和肌肉的活动，才有饭可吃、有酒可饮、有国可立！所以人民大众的肋骨是可以顶天立地的。不画裸体，不足以表现中国人民为赢得抗战胜利，不怕流血牺牲的钢铁意志。

数年时间的坚持，成就了不朽的杰作，徐悲鸿也是画外愚公。他与永平的邂逅，是一位愚公与一群愚公的强烈共鸣，他们的爱国行动流芳百世！

埃德加·斯诺的永平印象

埃德加·斯诺（1905—1972 年）是美国记者。1930 年，他从博南古道经永平去缅甸，与永平有过一次看似偶然，却是必然的邂逅。“拼花图案”中坐落着的永平县城，“笑容可掬”的时任永平县长，质朴的永平百姓，给斯诺留下了深刻的印象。

永平，古称“博南”，地处云南省西部、澜沧江东岸，位于“西南丝绸之路”之要冲“博南古道”段，历史上，许多达官显宦、守将戍卒、文人墨客、商贾羁旅在这里留过深深浅浅的脚印，埃德加·斯诺，就是其中的一位，他曾与永平有过一次看似偶然，却是必然的邂逅。

埃德加·斯诺（1905—1972 年）是美国记者。他被认为是第一个采访毛泽东的西方记者。1933 年 4 月到 1935 年 6 月，斯诺兼任北平燕京大学新闻系讲师。1936 年 6 月斯诺访问陕甘宁边区，写了大量通讯报道，成为第一个采访红区的西方记者。抗日战争爆发后，又任《每日先驱报》和美国《星期六晚邮报》驻华战地记者。他与中国有着 35 年的关系，其《红星照耀中国》（Red Star Over China），为世界打开了一扇认识中国的窗户。

斯诺曾经驻留的清真古寺

埃德加·斯诺来云南的时间是1930年，路线是：昆明—大理—保山—缅甸。

斯诺为什么选择博南古道经永平去缅甸呢？是不是“马帮”这个词迷住了他？或者，马帮旅行本身就是他的目的？

5个男人、3匹骡子和3匹马，组成了一支小小的马帮。“我们这个马帮虽然不怎么起眼，但仍然有一头打扮得十分漂亮的带头骡子，它脖子上挂着小铜鼓和铃铛，额头上佩戴着一面小镜子；这头高贵的小牲口，意识到自己责任重大，因此充满自豪感。我们从那些矮小的村寨穿过时，自我感觉非常帅气。”这是斯诺对他的马帮的描述。那个时候的他，26岁，年轻力壮，有着冒险家的激情与力量，正醉心于对中国的“马帮”这类生活方式的迫切体验。正如他所说：“我22岁，在华尔街的投机中赚了几个钱。我想这点钱省吃俭用也够我一年到世界漫游冒险一番了。”

这次旅行，他写下了一批充满东方风土人情的随笔散文，记录了旅行中所有不平常的经历和冒险及感受。他关于永平有两篇文

章，其中一篇的文章标题是《马帮离开大理前往中国永平》。

“离开”“前往”“大理”“中国永平”都是些很吸引眼球且值得推敲的词语，特别是“中国永平”，在“永平”前冠以“中国”两字，难道他把“大理”当成一个独立王朝，以为永平，才是中国？即便“永平”才是“中国”的一部分，“中国永平”这样的说法也似乎不合常态，“永平”太小而“中国”太大，但斯诺把“永平”放大了，感觉就是如今所说的“中国北京”“中国上海”“大理永平”……那么，他为什么要这样说呢？

或许，是斯诺了解到的信息残缺，导致了他的表述有误，又或许，在他的印象中，“永平”是一个重要的驿站，是他旅程中的一个重要节点，是一个值得独立体验和了解的个体。不管怎样，这都是一个无法轻易解开的谜。

1931 年 2 月 22 日，斯诺到达永平。

永平县城，是这样展现在斯诺眼前的：“又有两天的时光，我们在荒无人烟的路上行走，有一个夜晚在峡谷里度过，还听到狼叫。第三天下午，我骑马走过高山凹地的边沿时，看到下面是一块相当广阔的平坝，我又看到一块一块的黄花和水稻，映照在千百块晶莹如镜的水中，在当中，像一幅拼花图案画的主题一样，坐落着永平县城。”

斯诺的这段文字，让人心惊肉跳，又让人心旷神怡：一个头发卷曲、眼睛碧蓝的青年洋人，在荒无人烟的路上行走两天的时光，漆黑的夜晚在深山峡谷里度过，不时听到惊悚的狼叫，感觉每一个毛孔都充斥着刺激和惊险。第三天下午，骑着马走过高山凹地的边沿时，一块相当广阔的平坝突然出现在眼前，就足以体味历经千辛万苦之后的豁然开朗！接着看到“一块一块的黄花和水稻，映照在千百块晶莹如镜的水中，在当中，像一幅拼花图案画的主题一样，坐落着永平县城”。这么充满诗意的“世外桃源”，完全能够让每一个旅行

者沉醉，也完全能够让每一个写作者获得灵感。在斯诺的笔下，永平坝子简直就是一幅绝美的山水田园画！

“随马帮到达一座城市，跟乘火车到达完全是两码事。乘火车，你先看见稀稀落落的房舍，很快房屋的密度就加大了，转眼之间就到站。随马帮呢，你老远就看见城市了，但没有三四个钟头，你是到不了它高大的城门面前的。”

这就是马帮的魅力，也是云南的褶皱地形给旅行者的一种最典型的感受。他从见到永平县城，到真正抵达的这段时间里，远景中的“拼花图案”给斯诺有充分的时间和空间，去发挥想象永平的美好。

“永平正是这样。它一步步靠近，移动得如此之从容不迫。所以，我为了取悦自己，就有了充分的余暇，以永平为题杜撰演绎出许多故事，并使每一个故事情节，都获得合情合理的发展，臻于皆大欢喜的顶峰，最后在恰如其分的庄区时，我感到我对永平及其居民都十分熟稔了，因为我在怡然自得但毫无实际用处的形象思维中大量使用过他们，从而产生了亲密感。”

这就是缘分！在冥冥之中，永平及其居民已成了斯诺的故知。

斯诺关于永平的另一篇文章是《其所以能在一座清真寺里过夜，主要得力于一句几乎被遗忘了的波斯成语——以及永平县那位有鸦片烟瘾的县知事的帮助》，在这篇文章里，我们从故事的细节里看到了那个时候的永平和永平人的模样。

“进入永平，太阳已经偏西，这一站路走得好辛苦。我风尘仆仆，又热又累，唯一的愿望，就是找到四辟空墙，一室宁静，打开我的铺盖卷倒头就睡。但是，即便这样一点点要求也无法满足。永平虽说是一个有一万户人家的县城，却只有三家客栈接待来往客人，而且已经为穆斯林、佛教徒以及从远处回来祭拜神灵和祖先的孝子贤孙们住满了。哪怕是一间小阁楼也找不到。如果一定要住小客栈里，我整夜都得忍受着同房间的人一面抽鸦片烟、一面吹牛、一面咯痰。在过去，有时候我能受得了，甚至还欣赏过，但这一次

是无论如何不行了，我想找一所寺庙去住，终于找到一所清真寺。”

斯诺的文字亲切得像一只朋友的手，拉着你在20世纪30年代的永平县城转悠、闲逛，让你透过一扇窗户看到当时永平的社会状况。

那天晚上，斯诺带着随从去拜访时任永平县长：“晚饭后我带着寿珠前去拜访县长。天已经全黑了，我一直打手电筒，在窄狭的、不平坦的大街小巷行走，街道的宽度大概勉强可容得四个人并肩行走。过了一会儿我发觉我们被人跟踪，是两个男人和一个年轻女孩，我把手电筒的光照他们身上，他们往后缩了一步。其实他们都是农民，都是普通人，眼中并无任何恶意，绝非危险人物。我们继续前进，什么也没有说。但他们仍然尾随不舍，不管我们走过偏僻小路，还是穿过牌楼，他们都跟在后面，这一下我可受不了了。

‘问问他们想要什么！’我跟寿珠说。他问了，并回话说他们什么也不想要。’

‘那就告诉他们不要老跟在后面。’他们同意，转身要走，但其中有一人还是不想走。我把手电筒光线聚拢照着他，他停住了，羞怯地一笑，然后很快地说了些什么，寿珠听了哈哈大笑。

‘他讲什么？’

‘啊’，寿珠说，‘他想问你，你点灯的油为什么不会泼出来。’”

原来是这样！他们没有见过斯诺手里的电筒，以为是一盏油灯！

结束这段小插曲，他们继续去拜访县长。县长很客气，“笑容可掬”，还向斯诺“略略一鞠躬”。他们“谈得很深”，斯诺很高兴，直到县长咳嗽示意，他们才起身告辞。县长一直把他们送到衙门外，眼睛里是笑意，友善地挽住他的胳膊

说："我的国家非常贫穷，没有公路，没有汽车，你们繁荣的国土上所富有的许多好东西，我们都没有。我们贫穷，而且都成了可恶的鸦片的奴隶。这是非常可悲的。"

在"拼花图案"中坐落着的永平县城，"笑容可掬"的时任永平县长，质朴的永平百姓，给斯诺留下了深刻的印象。可以说，永平县城的出现，是他的整个云南马帮旅行的惊喜和愉悦，是他艰苦旅程中十分难得的心灵亮彩。在两篇文章中，所有关于永平的叙述，真切地向世人表露出他对永平的各种感受，反映了当时永平的社会景象及社会状态。同时，也是他赠给永平的一份厚礼，这也许就是文学的魅力和贡献所在，她能够使时间得以延伸、空间得以延展。

生活在永平县城的我，每每到达能够俯瞰县城的某一个高点，脑海里总会翻滚着斯诺八十多年前送给她的美妙文字，不由得要寻找那美丽的"拼花图案"，事实上，这样的"拼花图案"是真实存在的，在不同的季节里，它们或者是一块一块的水稻，或者是一块一块的小麦……他所说的"一块一块的黄花"又是什么呢？或者是一块一块的油菜花，有时是一块一块的向日葵，又或者，是一块一块黄色的罂粟花？至于"千百块晶莹如镜的水"，无论是水田，还是库塘，在斯诺来的那季节，这样的景致都会如约而至。

所以，只要在适当的季节、适当的天气，带上适当的心情，在适当的位置，每一个人都不难遇上像"拼花图案"一样美丽的永平县城。

艾芜的博南情结

艾芜的第一次南行是一次难忘之旅，而第二次南行则是一趟心灵之旅。他是一位旅人，又是一位灵魂探索的先行者。

中国当代作家艾芜，其代表作《南行记》，开创了中国流浪汉小说的新领域。《南行记》讲述的是他从昆明到缅甸途中的经历，在永平县博南山一带“落草”是他最为精彩难忘的篇章。所以，我们有理由梳理一下，这有助于还原20世纪20年代博南山一带的生活面貌，如：自耕农的苦难、澜沧江的水质（几个抬滑竿的过了桥就直接扑到江边去喝）、沧江桥的建筑格局、乡绅看家护院的武装、匪寇的内部……都是很好的直面历史的真实材料。

艾芜差不多可说是空降昆明。一袭青衫，挎一个帆布包袱，里面有几本旧书、一把油纸伞，轻快的步履载着自己修长而青春的躯体，携着一阵清风——他对自己也相当满意。一路上他也想整一点事迹，但旅途的艰辛使他无暇顾及，很快又囊空如洗。

在漂泊中，可通过出卖苦力、打工，给一些慈善的组织做杂役，这是原就计划好的。可他老是遭到无端欺辱，诡诈的脚夫甚至连他的一双破鞋也看得上，被店家赶出门后还得盘算到哪儿可以遮蔽风雨……很快他就一文不名，最后，竟到了比乞丐还糟的地步。

之后，他又继续西行。那是一段不堪回首的行程，碰上了一年中最糟的月份，路途深邃，气候严峻，一片死气沉沉。旅店无法安身，山贼差不多想生吃活人，赶马人带着敌意，做苦力的也极力排斥，所以他宁愿连夜赶路，在荒野中前行。

直到走投无路——是饿昏的，倒在松林里，才被那些家伙发现。艾芜就跟那伙人，在永平的博南山古道上晃荡，平时帮着记记账、提提水、凑凑柴火，偶尔也配合一下行动。但这算不算入伙呢？他当然会矢口否认。他有自己的准则，他认为这么做只是为了帮一下这伙同是可怜的人。至于那个女响马是如何说服了他的，他也说不清。

《在山峡中》是艾芜在《南行记》中的佳篇，题材还被拍成了电影《漂泊奇遇》。从他所描写的细节来看，那里就是兰津渡。

> 江上横着铁链做成的索桥，巨蟒一样，顽强而古怪，渐被夜色吞没……凶恶的江水，在黑暗中奔腾，咆哮的击打着礁石，发出可怕的巨响。两岸巨人一般的山峰，好像也受不了脚下奔流的喧嚣，极力将头躲入群星寂寥的空际。桥头的江神祠、土地庙，破败而荒凉，孤独无依，只等江风和流水带走它的余年。

他们回来——也就是从杉阳的“九转十八弯”——“爬了下来”。从中推断这帮匪徒是在永平县那边做了一票，现在则在石砌的神祠里，泥菩萨塑像下面，点着蜡烛，煮一锅腊肉。这肉早就熟了，可他们还不准备吃，只想不让这弥漫的香味被浪费掉，同时，还在等没有回来的人。

火光中，艾芜和几个男人没什么可说的，索性开始读书。这简直就是蔑视！人群中当然会有一些谴责之声。只是，即使没有他这个不和谐音符的存在，这帮匪人之间也没什么好说的。他们不太愿意交流这种为生存而挣扎的感受，现在还能坐在这儿，已是心惊胆战，感到万幸，实不该拿来炫耀。至于每个人的过去，谁又愿意再去重温那巨大的悲痛？

终于，银铃般的笑声，冲破了这黯淡的世界，沉闷、忧郁、对峙统统散去，换成一种更为专注的期待。她的到来打破了僵局，这个腐朽的神祠总算有了人的气息。他舒了一口气。在场的每个人都有这种感觉。她的到来让气氛完全不同。这位舵把子的掌上明珠，待艾芜如同知己，她跟他讲了好多她的知心秘密，简直拿他当知心女伴一样。他们很谈得来，因此他才破例地跟他们一起行动了几次，看哨，小角，后勤。有一次行动中居然还扮演了她的丈夫，她回味起来总是咯咯直笑，四目相对时，又脸颊绯红。他明白了。在这毫无生机的荒野，他的心竟被这甜蜜融化了。不过危机感是伴随着一起来的，有个叫“夜白飞”的家伙，很是殷勤，这实在是个值得注意的情况。而且他无法把“夜白飞”从视野里赶走，这个人太贱、太能受气了。幸好她将此人视同草芥，依然我行我素。她在众目睽睽之下，并不掩饰与他的亲密，他也逐渐习惯了这种理所当然的待遇。她的身世是如此可怜，他不想让她失望，又有一些烦乱的隐忧，自己当时离家出走，初衷是为了逃婚，还是为了救国，也不是很明确。她也提醒过他：“我爹爹说，我们是踩在刀口上过日子，迟早有掉下去的时候。”

舵把子，对他则有一种长辈般的关怀和庇护，虽是比较沉默，一根烟锅喷出的云雾总是把本人隐藏在更加神秘之中，想什么呢？他肯定会想：不该让爱女走这条路，而是应该让她有幸福的生活，做父亲的有这个责任。这个书生真是一表人才。等干得差不多——或者说适当的时候，可以给他俩一点钱，找一个偏僻的乡下隐姓埋名地生活，把下一代培养成栋梁之材。这种美好的计划其实很容易想到，实施起来又不难。

青年时期的艾芜

然而，命运女神已为这些人做了另外的安排。

艾芜虽然对这些人充满同情，但着实惊骇于他们把受伤的同伴从江桥上抛下去的那种残忍。年轻人总是敏感而富于正义感，这终于让他找到了选择的理由和勇气。人就是这样，惯于用意志的力量，从意识中掐灭生命内在直觉所感知的那一星点火花。现在他又开始思考自己的理想了，这会让他义无反顾、热血沸腾。

三块银圆，感觉更像是她临走时留给他的纪念，或者信物。也许，这能够证明，她是希望能等到再见到这银圆的时候。

离开博南，继续西行又回到原本的样子，世界暧昧不明，一切都是平庸的。一路上，他把他的爱，转移到对苦难的同情和一些普通生活中，这简直是索然无味。也许对荣誉和业绩的追求，能转移一些痛苦，但那些进步事业并不顺利，他没有获得成功。

在多年后的回顾中，他在过去的理想中才解读到一点平庸与自私。在夜深难眠的辗转之际，他总感觉到，也许是往昔的某个远方，升起了焦虑、意象和祈祷。过去已非常模糊，他确实需要一种在心底刻写般的清晰感觉。

艾芜的第二次南行，谋划如此之久，但真正付诸行动，却又无比仓促。不过他还是激动不已。刚下飞机，他就对比了一下他曾经到保山所需的时间。如同深海里的鱼群，滇缅公路上一块块黄绿色的稻田延绵不绝，撞入眼中，吸进去的稻香味好像使体内衰老黏稠的血液也奔涌起来。在上江的甘蔗林，他打听了红糖的产量和销路，并聚精会神地做着笔记。在潞江坝，他看到芭蕉、芒果、荔枝、桂圆真是非常适宜。在德宏的橡胶林，他更关心割胶工人每天的纯收入。如果有曾经认识他的人，就合张影，赠纪念品，如果看着对方可怜，再塞点钱。

中国著名的流浪体小说家艾芜，流落到滇西，他的《南行记》中的《在山峡》一章，曾生动地描写过澜沧江两岸的凶险景象以及西南女子的柔情

即使一直手揣裤兜，他还是会有一种奇特的不安全感——那个本来放在中山装上衣口袋里，还将纽子扣住的，总是怕会不翼而飞的——多年前留给他的盘缠，仍让他感到极不安全。在迫不得已的情况下，已只剩最后这枚银圆了。

归程中，他决定脱离部队，只要一名爱徒相随。他的解释是需要过去永平县那边找熟人，处理点私事，但脸色苍白，仿佛是要去做什么坏事。但事实是，一些个人的意愿，谁又会去说三道四、横加干涉呢？

从以前走过的路去永平，大致要半天时间。一接触那条中间由扁长形的大石块镶砌的古道，他的思维就活跃起来，简直是如饥似渴，仿佛过去这么多年他并没有真正生活过，现在才是真正意义上的开始。沿着板桥青云街到官坡、天井铺、水寨、平坡，一路都有石板路的马蹄窝追赶太阳的脚步。

重叠的山体的侧影在慢慢地移开，拐过最后一道弯，隐于两岸对峙的悬崖陡壁之间，横跨汹涌江水之上，随着脚步的移近，会逐渐清晰，慢慢显现出它恢宏而古老形象的铁索桥——气势逼人地出现在眼前。他心怀激动地轻轻靠近，像是怕惊走眼前的幻景。雷鸣般的声响使他第一次感受到如此的壮观，它在这穷荒僻野中，简直是一种反对生活的象征，绝境中的奇迹。那些一直使他魂不守舍的模糊感觉，即使现在仍不大明白，但相同和绝对有关的东西已让他有所顿悟，同时也意识到过去真是忽视太多东西了。但他首先得关心一下对面江神祠的情况。

师徒俩就这样摇摇晃晃，抓着铁链，随着桥的晃动，步调一致地走过去。破败，腐朽，荒草丛生，到处是凄凉的残凋，塑像早已不见，屋顶补缀蓝天，墙上并没有刻下给他的留言……这些本在意料之中，但仍感到隐隐刺痛。而还能找到他离开那晚躺下的位置却感到庆幸。他从头到脚，全面地清扫了一下神祠里的积尘和蛛网，洒了点水，然后师徒二人又去被太阳照耀得灰白而无生气的江坡上割了几捆山草、芦柴秆，一部分铺在地上。还用毛巾把那几块一直

❶ 被改编成电影的《漂泊奇遇》中，王诗槐饰演的漂泊者艾芜

❷《漂泊奇遇》电影剧照：艾芜和野猫子

固定在那儿的石头慢慢擦出幽光。这些事蓄谋太久，每个操作步骤都按照他在几十年以来的一个个深夜的床上的想象促成了。做这些事让他心满意足。昏暗中的一点幽光，犹如穿透坩埚中溢出的金液，投在古老的墙上，仿佛是一面能望远的巨镜：一个，两个，三个，踽踽而行，然后延续很远——排列有致的一个个小黑点……很多古老的灵魂都曾在此驻足，留下了自己的一部分，其中一定有想象的期盼中至今还未出现的东西。他就是想透过这个特别的通道，进入那漫漫的时间长河，寻找自己最想追随的灵魂。至于外部世界的任何声

音，对他已不太重要了。

太阳一过正午，整条峡谷就是一个竖井，暮色深沉，如凝聚着寒冰。除了顶上那片天透着点光，就“井口”上方还浸染着一抹淡红色。后来，高空中像有什么人，将沉重的黑暗一团一团抛下来堆高。他知道，当“井口”填满时，他就会完全失去他自己。

“你打起手电，用小桶去提点江水上来，小心一点。”他加重了的语气，不得不说是带有一点想反抗又想获得帮助的味道。

徒儿照做了，用充满阳刚之气的声音，愉快地应了一声“好的”，这真让他感到高兴。黑暗充满敌意，从四面八方逐渐包围他们，用渗透的方式，是想一点点吞噬他的生命。

“把柴架上，把火烧起来……”他又开始大声发号施令。

“把锣锅支起，把我们带着的那块腊肉煮进去吧。”

“老师，这……难道，就睡这里吗？”作为对恩师的尊重，他一路上一直默默忍受，无声地支持他的行动，但总觉得有一些行为并非出自一个思维健全的头脑。

“我们铺好行李，就在这住一宿吧，很厚的干草……不会很难受的。”他带着愉快的安慰口气，极力想使自己的同伴高兴起来。

他凝视着红光闪闪的火焰中那孩子的瘦脸膛，一脸的无所谓和委屈模样，不愿与他交流，这更让他想起当时的自己。起风了，江风逐渐加大级数的准时的呼号和着江水拍打礁石的雷鸣般的声响，在小石屋里引起震荡，使两个人逐渐感到已处在旋涡的中心、正失去方向感，像滔天巨浪中的一叶孤筏。不过石屋子位置很好，背靠博南山的怀抱，与顺着江刮来的风形成一个死角，类似月牙泉。那些咆哮，如同不得其门而入的狼一样，一直在外面转圈。石床上垫着又厚又软的山草，围着火笼，和衣而眠，确实很舒适。

风浪的交响曲渐渐有了一点友好的迹象。后半夜的霜降很有意思，伴着风声滴滴答答地来一阵，还有江坡上的草、动物、沙砾发出的窸窣声，也听得清清楚楚。他甚至不时地出去，摸索着到寒冷的黑暗中站一会儿，有时不禁暗笑。

第二天清晨，他起身时依然神采奕奕，那是努力想战胜一点自我怀疑，或者说小小挫折带来的失望情绪。迟钝的轰鸣已无力击破的黑暗，仍包裹着沉睡，只是开始变稀薄了，直到那块天然石壁，猛然从深渊中一跃而起，将自己赤裸的一半，沐浴于一派火的辉煌。他愉快地从桥上信步走过去。石壁依旧。他想起较矮处刻着"潭清壁立"的地方，也差不多就在这个时候，做饭的闲暇时刻，他哼着歌，悠闲地靠着石壁，卷起的裤脚，笔直的小腿浑圆而紧绷，泛着古铜色的光泽，瘦而狭长的脚板趿在凉拖鞋上。那斜着脑袋端详他所含有的愉悦所给予他的——姑且说礼物吧，他是再也找不回了。当时他俩并没有意识到这点，如一只镂金的玉杯，伏尔坎的杰作，摔掉下去就是命运。他轻轻抚摸着这块无价的石壁，仿佛抓住了自己最后的生命。他努力地想使那首歌更清晰一些，歌词一字不差，调子也是，只是如果由她自己吟出，才有原本的味道。

江水呵，
慢慢流，
流啊流，
流到东边大海头，
那儿呀，没有忧！
那儿呀，没有愁！

"这个世界，已只有我还记得这首歌了。"他骄傲地这么想，觉得自己像是一下子跳到了一个全然陌生之境，不过幽林中的路径已悄然显露。于是，他缓缓走回铁索桥头，掏出那枚银圆，端详了一番，然后用右手的拇指绷着食指，往掌心轻轻一弹，一道闪闪发光的抛物线，迅速隐入桥下那翻滚的金浪。

野猫子：艾芜《南行记》插画

『飞虎队』队员与杉阳的缘分

“飞虎队”队员与中国西南边陲的云南永平县杉阳人民，结下了深厚情谊。二战期间美国“飞虎队”飞行员驾驶一架C－46运输机执行空运任务，飞机在离保山机场五十多公里处的杉阳村上空着火，满载弹药的运输机坠落山坡起火、爆炸，机组人员在飞机坠毁前跳伞，杉阳人民全力救助。

2002年10月，中国国务院新闻办在美国华盛顿举办的“历史的记忆”展览活动期间，84岁高龄的“飞虎队”报务员卡瑞尔一家三代10口人，分别从3个州赶到华盛顿，找到云南代表团，见到了57年前的救命恩人罗光甫，热泪盈眶的卡瑞尔和满头白发的罗光甫紧紧拥抱在一起，两位跨越东西半球，不同肤色、不同语言的老人，用眼神和动作，传递着半个世纪多的沉甸甸的思念。

感人一幕的起因，源于二战期间美国“飞虎队”队员与中国西南边陲的云南永平县杉阳人民，结下的深厚情谊。

在抗日战争时期，日军为切断滇缅公路运输线，多次出动飞机轰炸滇缅公路澜沧江上的要冲功果桥。由于澜沧江上的霁虹桥和功果桥相距不太遥远，日军的飞行员常把霁虹桥误认为是功果桥，三番五次进行轰炸。

1945年8月4日傍晚，突然，天上传来巨大的飞机轰鸣声，饱

❶ 罗光蒲和其他杉阳农民目睹了飞机坠毁的全过程。他们急速赶往失事地点搜寻、救护飞行员。前去救助的杉阳农民与美国飞行员同时竖起大拇指，用“顶好！顶好！”这一共同的语言传达着友谊

❷ 罗兰德.R.约翰逊是美国陆军航空队运输队C-46A运输队的驾驶员，部队驻守在云南保山机场。这是他驾驶的C-46A运输机。他正站在C-46A运输机螺旋桨轴上留影

受日寇飞机惊吓的村民，以为日军的飞机又来轰炸霁虹桥了，四散而逃，东躲西藏。有胆大的抬头看，一架冒着浓烟的飞机，从杉阳东庄上空飞下来，飞机下似乎飘落着什么东西。不一会，有人惊叫：“啊呗呀（哎呀），降落伞！降落伞下有人！”

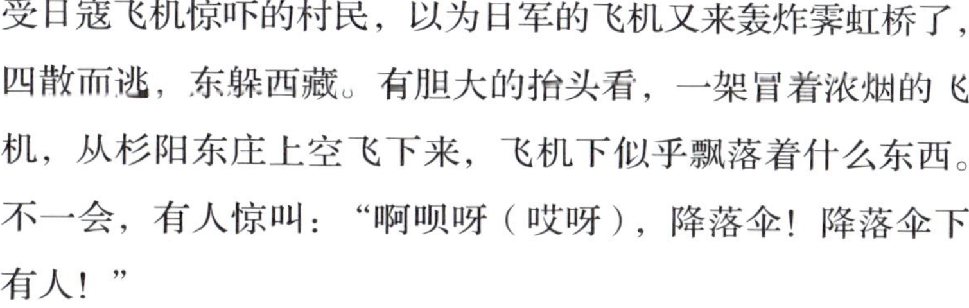

“应该是飞机出事了，从飞机上掉下来的人还有多大能耐？走，看看去，是小日本就揍死他！”大家不再躲藏，好奇的人们从不同方向，纷纷奔向出事地点。村民互通信息后得知。飞机坠落地点是杉阳江顶寺梁子。降落伞有3个，分别坠落在过街楼上边的鸭子塘坡上、街尾巴河、下西边寨子外边的梁家田头。

到达出事地点的村民发现，鸭子塘坡和田头土包上的那两个飞行员不是日本人，而是美国人，他俩都安全着陆。那两个美国飞行员，分别在众人的簇拥下，都来到了位于街尾巴河心石堆中的第三个飞行员旁，发现他落地时摔断了腿，伤情严重。看着石堆中的那个飞行员很痛苦的样子，村民首

❶❷ 罗兰德.R.约翰逊机组人员离开杉阳后，一位放羊的杉阳农民在树上拾到一块手表。经美国有关方面考证，这只手表是通讯员约翰·卡瑞尔的遗失之物

❸ 罗光蒲和其他杉阳农民目睹了飞机坠毁的全过程。他们急速赶往失事地点搜寻、救护飞行员。前去救助的杉阳农民与美国飞行员同时竖起大拇指，用“顶好！顶好！”这一共同的语言传达着友谊

先想到的是赶快救人。时任保长李万本号召大家帮忙救人，村民立即行动。此时夜幕笼罩，慌乱中不知是谁弄来了两根盖房子用的椽子、一个靠椅，大家七手八脚，将降落伞撕开，扎了一个担架，将伤者挪上去。罗光普等一群村民，就近找来火把照明，带上两个未受伤的飞行员同行，深一脚，浅一脚，汗流浃背，才将伤者抬到了当时移驻永平的国民党军一九八师电台驻地（现杉阳供销社旧址）。到达后，村民迅速找来当地最好的医生救治受伤的飞行员，并为3个飞行员铺床、端水、备食物、包扎。当晚，3个飞行员就此住宿。国民党军一九八师电台工作人员，迅速打开电台，连夜与昆明机场紧急联系。联系后，厘清了事情的来龙去脉。原来，出事的是“飞虎队”飞行员R.约翰逊机长与副驾驶员鲁勒、报务员卡瑞尔3人，他们驾驶一架C－46运输机执行空运任务，当天晚上，飞机在离保山机场五十多公里处的杉阳村上空着火，满载弹药的C–46运输机坠落山坡、起火爆炸，机组人员在飞机坠毁前跳伞。

第二天，按照电台上的事先约定，杉阳村的男女老幼，从不同的方向按时汇聚，有组织地在河滩上排列成一个巨大的“V”字形图案，为前来救援的飞机导航。当一架救援的飞机飞到杉阳上空时，依靠“V”形信号找到了R.约翰逊和他的战友所处位置。飞机在杉阳街低空飞行，转悠，盘旋，转了一圈又一圈，还是无法降落。最后，投下一包附着纸条的生活、医疗物资，又飞离了。同日，安全着陆的副驾驶员鲁勒、报务员卡瑞尔，在保长李万本等人的协助下，由两个向导带着，步行翻越杉阳永国寺梁子，到达永平县城。而后，两名飞行员经永平到达云南祥云机场。因伤暂时没法离开的R.约翰逊，得到了当地村民罗光普等人的悉心照顾。村民将热气腾腾的饭菜端给R.约翰逊，他不吃；递给他粑粑，也不吃。说来也巧，旁边的罗光普啃着煮熟的青玉米，R.约翰逊看着罗光普，嘴巴动了动，眼睛眨了眨。罗光普试着将青玉米递给R.约翰逊，他接过玉米，跷起大拇指，连称OK，OK，还用生硬的中国话说：“顶好，顶好。”

❶罗光蒲指着一排房子说，这些房子就是当年美国飞行员住过的地方

❷ C-46A 运输机坠落及罗兰德.R. 约翰逊机组人员跳伞降落的地方——云南永平县杉阳村

到了第三天，一九八师请当地帮忙，想办法护送 R・约翰逊到永平。永平县政府用车送 R・约翰逊到保山，他从保山乘飞机返回昆明。

1999 年，R. 约翰逊亲手制作了一架 C-46 飞机模型，送给杉阳民众，以感谢村民的救命之恩，以此物见证这段珍贵的友情。2002 年 10 月，国务院新闻办在华盛顿举办“历史的记忆”展览活动，罗光甫作为云南代表团成员之一，前往华盛顿参加活动。于是，才有了开头的一幕。

如今，这段历史最后的见证者罗光甫老人已经长眠大地，但“飞虎队”队员与杉阳人民的深情厚谊，以实物、图片、文字、录音、纪录片等方式，被永久地记录。

远逝的马帮交响曲

马帮的铃声已经远逝，行将绝迹，而博南古道上那千万个深深浅浅的蹄印，仍记录着那首演奏了十几个世纪的交响曲。

每天未申之时，博南山上遮天蔽日的密林中，屈曲盘旋的古道上，便开始出现一队队的马帮，往往脖挂大铃、二铃的头骡二骡将至山脚，而马队的尾巴还在山顶，绵延数里，浩浩荡荡，十分壮观。头骡二骡的铃声随道路的变化而变化，“铿咛铿咛，叮咛叮咛”或“铿——咛——，叮——咛——”时而紧促，时而舒缓，铓锣“铓——铓——铓——”的催促声与百马奔走的蹄声、喷嚏声、嘶鸣声，再加上赶马人那豪放不羁、声震林樾的赶马调歌声，构成了一首气势壮阔的马帮交响曲。这样的交响曲曾经天天都在博南古道上演奏着。

这首交响曲既苍老又鲜活——

自古以来，博南古道是西南丝绸之路最艰险、最繁忙的路段，因而古道沿途商家以至农家都凭饲养骡马投身马帮行业。所以博南马帮队伍的历史已相当久远，且长盛不衰。民国时期曲硐、杉阳两

❶ 马锅头

❷ 驿马石刻

镇的骡马就达两千余匹，马帮大大小小有四五十队。这些马帮有家族帮，骡马为自家所有，马帮有帮旗，上书自家姓氏。有拼凑帮，即同村、亲戚几家人的骡马拼为一帮，选出一个经验丰富的人做马锅头，负责管理。有结伙帮，这种马帮只因为大家走同一条路，或是接受了同一宗业务，或担心匪患而走到了一起。

博南古道上的马帮，有行走在几个驿站间的短途帮，有行走在十个、几十个驿站间的长途帮。有短途的小马帮，有长途运输的大马帮。这些马帮运往边疆乃至缅甸的货主要有食盐、乳扇、川烟等，而从缅甸运回的货物主要是棉纱、洋布、靛精等。

无论哪种形式的马帮，都有大锅头和二锅头、管事、马脚子。大锅头是整个团队的头号首领；二锅头是二号头目，大锅头不在的时候负责替大锅头掌管全局；管事负责内部事务，须有文化、会算账；马脚子是骡马的具体管理者，须身体强壮、勤奋、吃苦耐劳、机灵等，一个马脚子管理五匹骡马。马帮的锅头必须文武兼备、有勇有谋，业务熟，人脉广，他肩负整个马帮的管理和经营。永平县曲硐镇的罗汉彩就是当时的一个大锅头。一次，他的马帮要过澜沧江，因霁虹桥坏了，只能以筏过江，江岸边待渡筏的马帮人喊马嘶，大家争先恐后，争得不可开交。罗锅头一声怒吼，一手拽一驮子，提着冲到筏上，要知道，一驮是八个大盐，至少有150斤！其他马锅头、赶马人看到此人力大无穷，惊得目瞪口呆。

马帮中的骡马，有头骡、二骡、追骡、一般驮骡之分。头骡是一支马队的精灵，要体形、灵性方面都比较优秀的才能担当，而且训练有素。它体格强壮、不知疲倦，它记忆力好、识路，它富于灵性，能从主人的吆喝声中领悟到主人的意图。途中，它控制着马队的行进速度。遇到对头马帮，它会占领有利地段避让对方。二骡是马帮的第二匹骡子，它紧

跟头骡，也需要具备头骡一般的素质。马帮的最后一匹骡子叫追骡，也是训练有素的，它会推、挤掉队的同伴，促使其赶快前行。

马帮伴随人类文明前行，这是它的生命力所在。博南马帮对博南地区文明的发展也产生了无与伦比的助推力。抗日战争期间，永平县调集骡马近万匹，为修建滇缅公路驮运物资，为远征军运送粮食、弹药不计其数，为抗日战争做出了巨大的贡献。

如今，马帮犹如一位一生辛勤劳作的老者，已逐渐淡出人们的视线。

马帮的交响曲中有浪漫，也有辛酸——

马帮是流动的运输队，赶马人的生活也是流动的，自然充满着新鲜、浪漫。古驿道沿途的地方名特优产品，是他们的口福："邓川乳扇洱海鱼，鹤庆火腿祥云蜜，漾濞核桃永平鸡，曲硐腊鹅香碰鼻。"这些顺口溜是赶马人的杰作，是他们山林放歌的内容。马帮跋山涉水、过村穿寨，见田间地头劳作的妇女，他们便会邀约唱曲。"呜——唱曲来！"对方会循声而应："阿哥，你赶马赶得苦憔憔，像你的骡马瞎乱叫！""阿妹，你唱曲唱得太刻薄，小心锄头挖着脚！""阿哥，我挖锄头你放心，你赶马别闯了土地神！""阿妹，土地神我不敢闯，我只想摸摸你的花衣裳！"赶马人在行进中唱曲，像现在的轮唱，前面的走远了，后面的人会接上。一曲下来，赶马人困乏的感觉顿时全消，大家一路说笑、一路前行、一路回味。多数时间，赶马人是自娱自乐，在荒山野岭上，他们就会敞开唱那些从老一辈口中流传下来的："永昌妹子多苗条，不穿短衣穿旗袍，三寸金莲多娇小，走路如同踩高跷。""傣家卜少不害羞，与哥牵手人前走。""景颇姑娘性烈火，劝你不要随便摸。"

❶

❷

❶ 马具

❷ 上马石

中午开稍或晚来歇脚，赶马哥们围坐火塘边，相互揭短、挖苦、调侃、冲嗑子，谈些男女欢爱之事，笑话一阵，打发了旅途的疲惫，让枯燥乏味辛苦的赶马生活充溢着快乐和浪漫。

马帮行走在旅途中，时有痛苦和悲伤的事件发生：或遭土匪抢劫，货物骡马被抢，甚至丢了性命，这是最大的伤痛。“货到地头死”，货运到站，因市场有变或老板拒收，或低价出售等，或者运输途中遇恶劣天气，货物霉变损失了，利润就少了，或没了，使一趟劳苦奔波分文无收，还有途中出现

骡子或人生病等等。许许多多人为的或自然界未知的因素，都是马帮途中必然要遇到的挑战。常道：“养女莫嫁赶马人。”“三十晚上才回家，大年初二又出门。”都是对赶马职业满含辛酸的阐释。

马帮交响曲有时轻缓而悠扬——

酉戌之时，博南山古道下来的马帮到达杉阳驿站，住进店家。落下驮子歇脚的马帮，骡马与人都是一派轻松悠然的神情。

卸了鞍的骡子，开始自由活动，尽情地在地上打滚，这匹翻过来，那匹翻过去，滚够的站着使劲地伸腰、蹬腿、抖身子，抖尽身上的泥土。有的结对用嘴啃对方，相互抓痒，有的则是找圈栏、木桩擦痒，有顽皮的小骡子在院场内蹦跶。骡马们尽显那种轻松悠闲、惬意舒适的神情。

骡马的主人按既往的分工，各司其职，各行其是。采买的上街买办所需补充的物资，做饭的架锅做饭，负责检查骡子的，将马队里那些马掌穿掉了的或穿烂了的逐匹予以更换。钉马掌是两个人的活计，一人端马蹄，俗称端掌，一人钉。操作时，先清理干净马蹄中的残钉，二是割蹄子，三是钉掌。

❶ 杉阳集市上等待出售的马具鞍子

❷ 杉阳街出售的架皮和糗

❸ 杉阳街天如今还有缝制马具的小摊

第二、三步都是技术活，马蹄割多了不行、割少了也不行，斜度割大了不行、割小了也不行，钉掌时马钉钉浅了，马掌固定得不紧，马掌容易脱落，钉子钉深了又会伤到马蹄，严重的会把骡子钉伤，无法行走。总之，钉掌是赶马人的一项技术活，端掌的要稳，钉掌的要熟、要快。有的要给有疮的骡马上药，这是马鞍或马楸磨起的伤。这药很简单，就是用锅灰拌生菜油抹于伤口上，既消炎，又能防止蚊虫叮咬。马帮在路途中有种既是突发性，又是经常遇到的情况：有的骡子吃了豌豆秆或蚕豆秆会出现“小肠疼”，即肠结。这是一种急症，病骡不食、肚胀、贪睡，若错过医治的时间就难以救活。马帮兽医的绝活是用纸烟头大小的两粒大烟土，装在三至五个生鸡蛋的蛋黄内，再加一两左右的红糖，给病骡灌食。接下牵着病骡跑动，强迫它运动，不许它躺下，只需跑

❶ 古道马帮

❷ 头骡威风

半个至一个小时即见效，病骡便开始吃草了。

专事修理的人要对有破损的鞍帐进行修理。鞍帐分为鞍子和架子。鞍子的附属物包括糠包、盖缇、楸绳、楸果儿、马楸、袢胸等，架子的附件有架皮、架索、架弓。在糠包与马鞍之间是盖缇，用毛毡制成，稍大于马鞍，它的作用是将马鞍上的压力过渡到糠包上，再到马背上，并且还保护着糠包，以免被马鞍磨破。骡子驮的货物首先捆绑在马架子上，马架子固定在马鞍上，马鞍固定在马背上，固定马鞍的就是袢胸与楸绳、楸。袢胸扣马脖子上，楸绳穿联楸果儿穿过楸套在马屁股上，马鞍就稳稳当当地固定在马背上了。

检修完马具，马驮子也是必须要检查、整理的。由于长途跋涉，有的马驮子上的货物松动了，要重新加以捆绑，绑紧了才不至于丢失货物。

检查马匹、整理马具、马驮子等，这些紧张而有序的工作都是为第二天早上的出发做好准备。这些工作繁杂、琐屑，甚至有点紧

张，可是赶马哥们日久天长地在重复着，太熟悉了，一切都显得漫不经心而又按部就班。

马帮交响曲有时悠远而迷离——

傍晚歇脚的马帮，如果是在花开草长的阳春或秋高气爽的时节，他们大都在野外露宿，给骡马“放夜”，即放于野外的意思。这种野外露宿，行话叫“开亮”。“开亮”的地点和季节是有选择的，深山、旷野、偏僻之地不行，雨季、月黑风高的日子也不行，危险因素太多，因此多选在靠村寨的地方，这些地方马帮歇的次数多了，就成了他们的“窝子”。

从博南山古道上下来的马帮，露宿时常选在寻王坡至马沙坝一带的田地边。马帮多的时候，倒流河岸边收了豆麦的田坝里，一眼望去，夕阳余晖下的田野里全是骡马，这数百匹骡马，在远山、村庄、茅舍、炊烟、河流、岸柳的大背景中，自由自在地游荡食草，构成了一幅宽阔的诗韵盎然的春晚牧马图。

马帮在野外露宿，赶马人的睡另有一番翻情趣。歇脚落驮子时，每个人所管理的五匹骡的驮子，横着挨紧摆成一排，马架子下的空地铺上油布垫毡，就成一地铺，空间虽小，恰能容一个人，人钻进去，盖毯一盖，再加之马驮子上加盖防水油布或蓑衣，这个特殊的“帐篷”就将地铺遮盖得严严实实，任凭风霜雨雪，睡者都安然无事。赶马哥睡在这“帐篷”内，还看守了头顶上的货物，一举两得，乐在其中。

夜间的田野上，时明时暗的篝火，映衬着三五个放马人的身影，骡马的食草声、走动声、喷鼻声，在旷野里散布着。驮子旁，赶马人的鼾声、鼻息声、呓语声，糅合成一首幽远而迷离的夜曲。

马帮交响曲不仅精神，而且豪迈——

露宿的马帮，早晨的工作内容就是做饭吃、喂马。

赶马人做饭，快当、简便而实在。煮饭时，两根铁锅桩架在两个石头上，若没有石头的地方就将锅桩插地，砍根木杠搭在锅桩丫口上，烧水壶、饭锅、菜锅一齐穿在木杠上，大火烧起，水开，饭熟，菜也熟。菜极简单，下数（肉坨）一人一坨，蔬菜、瓜果一锅煮，肉菜一齐熟，外加一把火烧辣椒，再炕一把茶叶放进壶里。饭香、菜香、辣椒香、茶叶香，弥漫在火塘四周，大家幕天席地围坐一圈，勺铲碗筷交相奏响，其乐融融。

赶马人穿的草鞋

赶马人有关吃饭的忌讳很多。吃饭叫吃“茫茫”，吃肉叫“打牙祭”，肉叫“下数”，途中歇息煮饭吃叫“开稍”，架锣锅的石头不能乱敲，烧火加柴要从一个方向顺顺地加，柴火叫“杖杆”，因“柴”与“豺”谐音；开饭叫“牵锅”，饭勺叫“顺子”等。除与吃饭有关的，如竹篮叫筐筐、锃锣叫锃等。锃在马帮中的作用不小，敲响铓锣，就是鸣锣开道，铓声是急促的，通知马队迅速通过，马帮过集镇、村寨时，铓锣声就缓慢些，通知马队慢走，小心骡子撞人惹起事端。

一支马帮队伍，最严肃的规矩是严禁黄、赌、毒。无论到哪里都不能调戏妇女、赌钱、吹大烟。其次，到什么地方都要尊老爱幼、尊重当地风俗、尊重少数民族。与商家打交道，必须讲信用、守信义。在马帮内部要服从命令听指挥，精诚团结。

赶马人吃饭前就要给放夜归来的骡子上料，料是蚕豆或包谷。给骡子上料时用料兜，一匹马一个料兜，既避免骡马因争吃而撕咬，又便于因骡给料——食量大的多给，食量少的少给。上料是驯化调教骡马的重要时机。上料时主人站在五个驮子旁，呼喊各自骡子的名字。赶马人对自己所管理的骡子，根据其特征给它取个名字，如马帮的头骡挂大铃，就叫它“大铃”，二骡就叫“二铃”，眉心有白毛的就叫它“白玉顶”，黑眼圈的就叫它“画眉”，脚杆上有白毛的就叫“花脚”，毛色为枣红色的就叫大红，黑色的叫“乌骡”等。有的骡子名字相同，但主人不同，它会识别主人的呼叫声，循声而来，站到它的驮子旁，主人才给它套上料兜，没有站到规定位置的骡子，由其他人帮忙围、撵、鞭打，迫使它站到规定的位置，才给它料吃。经过如此多次的反复调教及上驮、下驮的顺序训练，骡子便能记住它的左右伙伴、前后顺序。

一个赶马人若有五匹会听话的骡子，他的工作会少许多辛苦，而且也是他的一种自豪。

吃过早饭，赶马人收拾好炊具，马帮便开始上驮出发了，马帮头、二骡的铃声一响，所有的骡子都开始躁动了。上驮子依次而上，第一手、第二手……骡子也一手接一手依次而行，马队又开始了新一天的旅程。

博南古道上这首马帮交响曲，从未知的历史点上一路走来，历千余年于漫长古道上，漫漫旅途是它长长的乐谱。山谷间回响、山岭上飘荡的马铃声、马蹄声、歌声是乐谱的长音，马帮歇脚的马店、露宿的窝子是它的休止符，爬坡、下岭、曲径、直道是它高低、强弱、紧缓、变化的音阶，永不停息，一路直前是它永远的基调。

第四章

边屯城：屯守风雨，永远平安

“大理犄角，金齿咽喉”的位置，使永平有了历史上的军屯、哨所、兵站，滇西抗战的“前沿与后方”……如今的小城镇、屯、哨、堡村落中，仍是俯身可拾的历史文化元素，是边屯文化“文”而“化”之的作品，是汉文化与本土文化激荡交融的结晶。

博南旧事

民国年间，诗人谢式南有一首描写永平的《博南谣》："笑指青天月一弯，请歌一曲博南山；博南往事君知否？金齿西来是汉关。"诗句直接把永平描绘和定位成了汉朝的军事关隘。事实上，有关永平的史实记载大多与屯守和战争有关。

《后汉书·西南夷传》载：建初元年……哀牢山千余人攻博南，燔烧民舍……明年春，昆明夷首卤承等应募，率种人与诸郡兵，大破类牢于博南，斩之，传首洛阳……

这里记载的这场战争是发生在博南山上的第一场战争。

建初元年（76 年），哀牢王类牢与永昌郡的汉官发生争吵，动手杀死了守令，发动民众叛乱，率领三千多人攻打博南，烧杀抢掠，无所不做。博南也就是指如今的永平花桥一带，博南山腰。第二年东汉军队一万多人前来镇压，在博南山上展开激战。但最终官方还是采取了"以夷制夷"的办法，利用了"西南夷"中最英勇善战的昆明族，让昆明夷首领卤承率军与哀牢人厮杀，卤承最终亲手斩杀了哀牢首领类牢，砍下头颅快马加鞭送到洛阳，表示扑灭了叛军。

明洪武十五年（1382 年），明军占领云南后，吸取前朝从云南大理撕开中原大门的教训，在云南广泛设置卫所，调遣大量的军队

战象石雕

进行把守。

“永平御”这个与县治同等级别的军管机构也就应运而生。永平御隶属永昌卫，统领着“二所，正副千户十员，百户六员。三分马步旗军二百七十名，七分屯军二百二十三名，舍丁一百二十三名，军余二百三十七名”。这些军队真正实现了寓兵于农，三分操练，七分种田，在屯田生产的地方安家立业，但世代保持着军籍。这时永平屯田面积达 14252 亩。

随着边疆稳定、战事平息，“刀枪入库、马放南山”。宣德正统以后，本属于国家的屯田土地，逐步被军官和军外豪强私自占有，军队也逐步转为职业军人，不再屯田。嘉靖二年（1523 年），永平御改属永昌军民府，编户九里。到了明末，在博南山上又发生了晋王李定国、永历皇帝与清军的战争。南明永历十二年（1658 年），清军三路入滇，被永历帝封赐为晋王的李定国簇拥永历皇帝从昆明离开，打算逃到缅甸。第二年的正月十五，大队人马进入到了永平，上了博南山。君臣二人在博南山巅上的“宁西禅寺”安营扎寨，李定国在永平民众的支援下，利用博南山的险要地形，在这里数次展开了惊心动魄的阻击战，其中包括与吴三桂追兵的激战。在此次激战中，永历皇帝走失，晋王李定国亲自率将士四处寻找，后来人们把找到永历皇帝的那道坡叫作“寻王坡”，一直叫到了现在。

清康熙五年（1666 年），存在了 284 年的军事机构“永平御”被裁归并县。清朝在永平的边屯行为就没有了，并且淡化了博南山作为军事要隘的作用，但沿着博南古道设置了密集的兵站。初期，在永平仅设立了太平、黄连、天井、县前、花桥五个兵站，后来增加到 11 个，即丁当、花桥、桃园、县前、梅花、天井、白土（北斗）、永定、胜备桥、打牛坪、太平 11 铺，每铺有守兵 2 至 3 名。道光二十八年（1848 年）三月，云贵总督林则徐率师移驻永平近两个月的

时间，平息“练匪杀回”事件后，他把永昌右营守备一员移驻永平县城，下辖头司把总一员、千总一员、外委把总四员、全县战兵 38 名，守兵 126 名。从澜沧江北岸的杉木和泛到东北的漾濞泛，都是守备管辖的范围。到了光绪三十一年（1905 年），这些驻军被裁撤。

1923 年至 1944 年期间，永平县虽然没有过常年驻军，但是经常有部队过境和暂住。1923 年，在曲硐驻军一营；1941 年中国远征军赴缅作战，大批军队过境；1942 年夏天，永平成为滇西抗战的重要防线和反攻基地，抗日军队大量集结，其中驻防较长的部队有：刘伯龙为师长的远征军第十一集团军二十八师，下辖三个团，分别驻在花桥、杉阳、龙街；1943 年夏，顾葆裕为师长的第十一军第二预备师移驻永平整训，次年重返前线，参与收复滇西；第二十集团军自前线移驻永平整训，分驻在老街、龙门一带。期间，移驻永平的后勤机关有：七九兵站医院，地址在县粮食局；运输团骡马大队，地址在原县招待所；第十一集团军兵站分监部，远征军兵站总监部前进仓库，地址在福寿寺；中监仓库，地址在城东车站。抗日战争时期，永平县各族人民与抗日将士同仇敌忾，留下了许多可歌可泣的事迹，其中，为前线筹措军粮、开挖滇缅公路等作为最为典型、最为感人的案例写进了滇西抗战史。

当年徐霞客遍游永平后，用了五篇游记近三万字记载了永平的山山水水，最后，在他的游记里发出了“迤西咽喉，千古不能变也”的感叹。

“千古”之事，看来霞客是把它看透、看准了。

边屯永平之谱牒

从永平民间丰富的宗谱脉络中，可以理清永平各个民族迁徙的线路，各个姓氏衍生的过程；从各个姓氏家谱上，可以寻找到古代民族东迁西移的相关信息；从宗谱家族人们生活的点点滴滴细节，寻找中原文化镌刻过的印记和痕迹，从中可以研究、呈现和分享永平精彩的中原文化元素，也可以充分感受到永平这块“汉文化飞地”的独特魅力。

谱牒文化，就是有关家谱家史、家规家训的文化现象。所谓国有史、方有志、家有谱，家谱历来就是中华优秀传统文化的组成部分。它是和正史、地方志一样重要的历史典籍，是史学的重要组成部分之一。

云南省分布有 26 种民族，是全国居住民族最多的省份。小小的永平县，是整个云南民族分布情况的一个缩影。因为在永平 2884 平方公里的土地上，至今生活着 22 种民族。形成了一个“大杂居、小聚居”民族分布格局。而且这种格局形成的原因也和云南多民族格局形成的原因一样，有三个方面的体现：一是自永平有史以来，一直处在博南古道最重要的段落上，南来北往、东去西来的客商、旅者、流宦、僧侣停驻永平，成为永平世居民族成分；二是永平处在博南山叮当关这个南方要隘，一直是历代王朝重点把持的地方，所以

有很多民族成分是通过戍边来到永平的；三是在永平这里，封闭而又开放的特殊地理格局，使得外来的各种民族文化现象能够有原件式的保存。

从姓氏上看，永平县境内的宗族姓氏格局也可以说是全省全国的缩影。全国张、王、李、赵、杨、马、刘、周等大姓，在永平也是大姓；段、施、陈、字、茶、唐、孙、林、洪等姓氏也有相当一部分；偏少姓氏朵、羊、钟、边、匡、桃、辜，复姓有欧阳、司马等也都在永平生活着。这些姓氏，并不绝对属于某个民族。一个姓氏，有几个支系，也许演化成了不同族别的家庭。

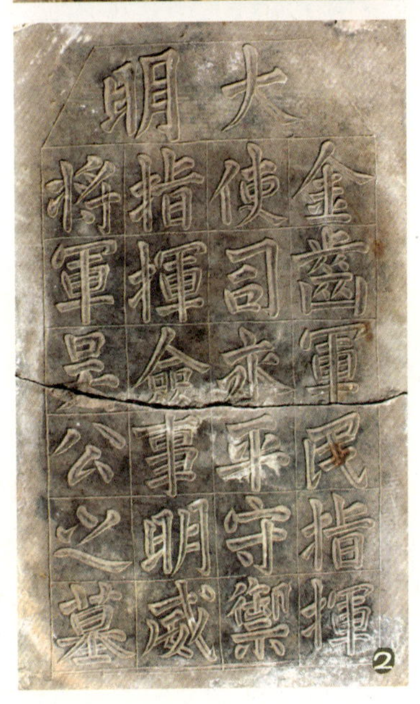

❶ 恭人墓墓碑

❷ 大明将军吴公墓碑

永平的谱牒文化，从整体的演化历史、姓氏特点、家谱内容三个方面都能体现出其丰富深厚的内容。

从演化的历史看，1993 年发现和部分发掘的永平县新光遗址，总面积 4 万平方米，是云南省发现的面积最大的新石器遗址。该遗址通过北京大学碳 14 测定为距今 3700—4000 年。其遗迹有灰坑、沟、干栏式和半地穴式建筑，大量的碳化稻和植物籽实，出土了比较复杂的石器和陶器。新光遗址的发现和发掘，撇开其深厚的内涵意义，表明了一个简单的问题：很早以前，永平已经有原始族属在这里生产生活。

世居土著民族和内地外来民族之间，长期以来杂居杂处、相互交错、相互影响、相互渗透，形成了现在永平“大杂居、小聚居”的民族分布格局。这种格局形成了两个特点：一是各民族之间共存共荣、互相学习、互相尊重，具体体现在互通语言、婚姻、礼俗、建筑、文化等；二是各个民族相互之间没有人为的地域、地位之分，平等才能和睦。这些特点是能够杂居的前提条件，也是最为可贵的特点之一，也是边屯文化最为直接的内涵外露。

从西汉到明清，中原文化的各种元素，包括儒家文化元素、道家文化元素、佛家文化等等汉文化元素，都以博南古道为载体，通过屯田、戍边、战争、移民、马帮、商旅等形式，源源不断输送到了永平。经过天长日久的激荡、沉淀，中原文化在永平这个僻处边隅扎根发芽，开出了一朵各民族共同发展、共同繁荣的艳丽奇葩。

从永平民间丰富的宗谱脉络当中，可以理清永平各个民族迁徙的线路，各个姓氏衍生的过程；从各个姓氏家谱上，可以寻找到古代民族东迁西移的相关信息；从宗谱家族人们生活的点点滴滴细节，寻找中原文化镌刻过的印记和痕迹，从中可以研究、呈现和分享永平精彩的中原文化元素，也可以充分感受到永平这块“汉文化飞地”的独特魅力。

特别是永平的汉族谈及祖籍的事情，大部分都说是从南京应天府柳树湾而来。这种普遍的说法不无道理，有很多史料可以考证，也有许多民间传承的家谱可以佐证。永平县龙街镇刘其昌家保存完好的《刘氏宗谱》有一段序文：

> 考诸碑志，知开始祖讳系南京应天府籍，大明诰授武略将军，洪武间奉命率师从沐英征云南至大理，军屯龙尾关，平定奏捷后，朝命留戍屯田，袭封万户侯，世祖遂卜居龙关，而刘家营因以得名焉。

这段宗谱序文，表明永平刘氏来源与古代屯田留守有着密切联系，永平刘姓与中原第四大姓“刘”氏族谱就得以焊接起来。

永平地处偏远，却能较早立县。东汉永平十二年（69

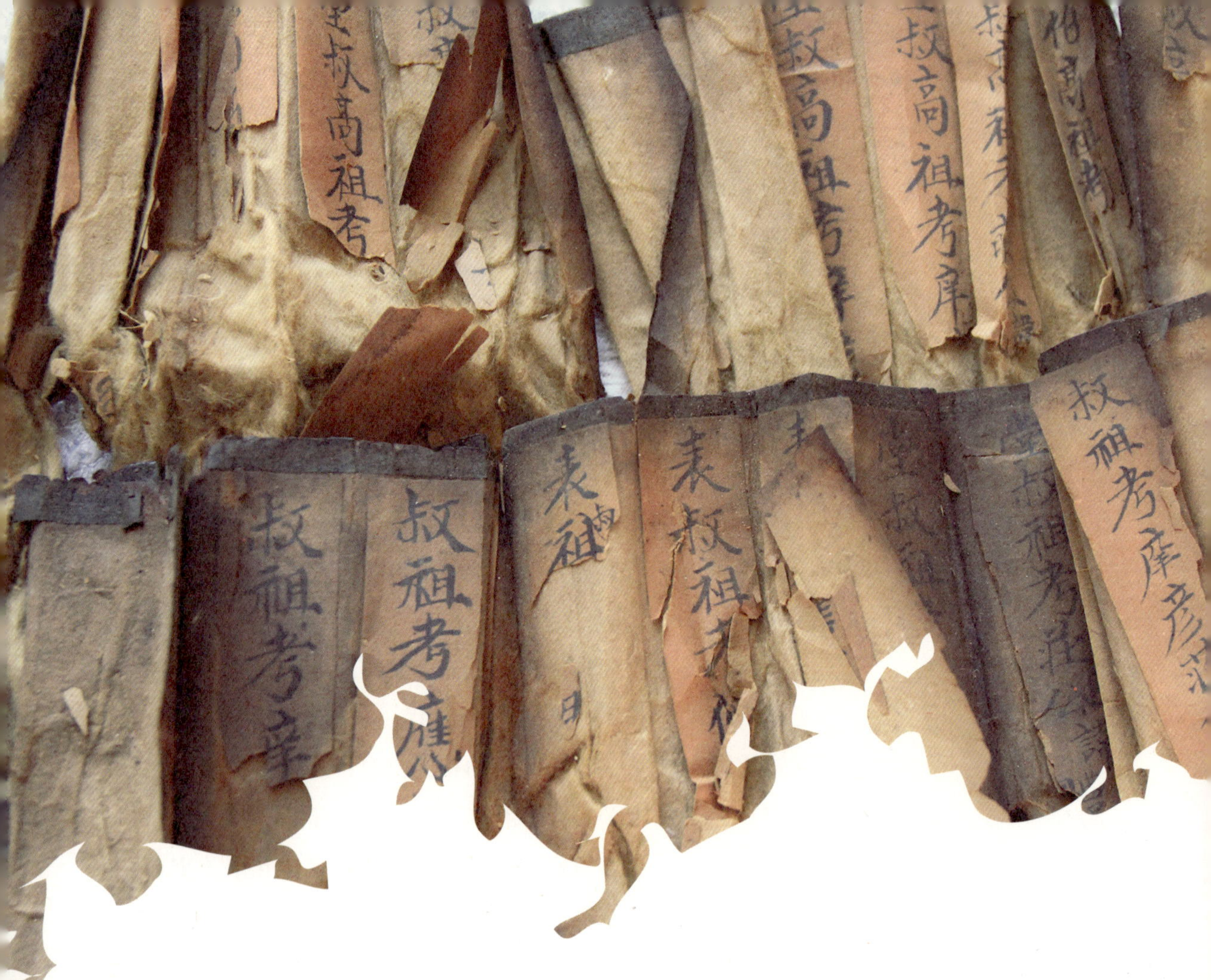

年），原因条件只有一个：那就是永平处于军事隘口上，这个隘口就是博南山上的叮当关。它就像北方的居庸关等军事重地一样。所以立县时，此山就是县署所在、就有军士把守。如今县署所在地花桥成了一个行政村，失去了昔日的辉煌和热闹。但是有一个始终没有改变的现象，这个村以及周围村落大部分住户都姓“吴”。这个现象以往没有人注意。到了 1989 年在花桥村附近发现了一座暗墓的碑文，碑文的内容使这些吴氏家族寻到了根，有了宗谱源流。碑文内容如下：

吴公，讳理，字廷义，泗洲在城人。考吴宪，字宪中，洪武中由军功授指挥佥事。母张氏，封恭人。将军元丙申六月十七日子时生，洪武庚申代父任。永乐癸未调金齿永平守御，世袭指挥佥事。永乐丙戌，预总戎选，南

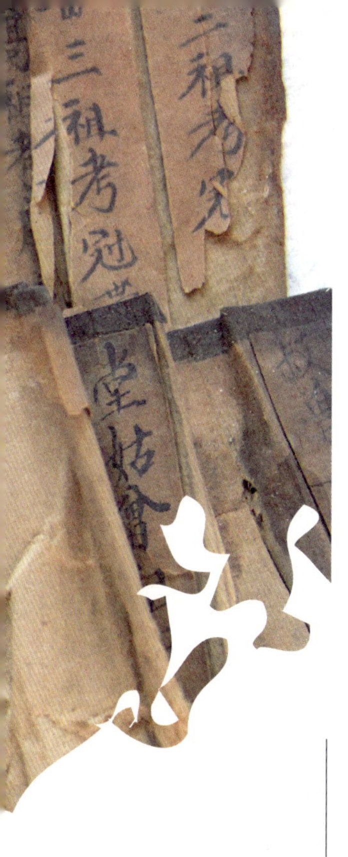

杉阳庄氏家谱残部

征交趾，时称治兵有道，征伐功多，智略逾等，总戎集众，时誉之。明年秋九月，卒以战殁，时年五旬有二。恭人王氏，归吴授封，父母所娶，顺天府王都军女，性柔顺明敏，贤孝舆闻。元庚子六月二十三日寅时生，宣德五年庚戌三月二十七日午时捐世，时年七旬有一。以衣冠招明威将军神识，与恭人合葬于丁山癸向（坐北向南）；恭人所生三子二女，长子雄，袭任父职，以孝谨闻于时，娶楚雄卫镇抚范氏女；次子能，娶大理卫镇抚钱氏女；季子俊，娶同司指挥使车氏女。长女适同司指挥佥事冯；次女适同司中右所千户耿男。

碑文及出土文物综合表明：吴理将军一家三代世袭指挥佥事，官享四品，都在花桥带兵屯守，所以吴姓家族在花桥得以繁衍兴盛。

类似花桥，同一姓氏相对集中居住，形成一个村庄的现象在永平比比皆是。在整个云南也比比皆是。通过对古代边屯历史的研究，通过对各村落姓氏家谱的分析，可以追溯得到一些地名的来源，以及这些村庄鲜为人知的发展过程、民风民俗形成的背景。

比如在今天的县城及附近，还保持有明朝永平御下辖的、完整的九屯名称：苏屯、钟屯、边屯、旗屯、庞屯、罗屯、曹屯、上叶屯、下叶屯。显然这些屯，是以当时屯兵驻将的姓氏来命名的。历经沧桑事变，这些屯里有的原有姓氏依然是村里的大姓，有的变成了少数姓氏，有的姓氏则已经消失殆尽。

其中最为典型的苏屯姓氏演化过程。南京应天府柳树湾竹林巷人苏祥随傅有德征滇而来，接受了在银江河畔的封地，进行屯垦，所以取名苏屯。13 年后，黄连堡的杨姓杨自东与

苏姓联亲，落籍苏屯。同年，南京应天府大石桥的张姓应征落籍苏屯。在内地犯事的铁姓兄弟为逃避归案，至苏屯后改姓为余，混进屯垦队伍。可见很久以前，像苏屯这样的屯聚垦所，社会形态就已经纷繁复杂了。所以，如今的苏屯这里就形成了苏、杨、张、余等各姓杂居的现象。

如今，这些地名及其典故能完整地保留下来，足以说明当时的边屯驻军，对当地的影响深刻、悠远。除了九屯，永平还有许多其他屯、营、哨、所、堡的村落名称，依然还完整保存着。在这些村落里，有着丰富的谱牒文化内容，包括家谱、族约、家规、家训等。这些丰富的家谱，是永平边屯文化最鲜活的内容，是中原文化与当地文化对接的纽带，是传承和弘扬传统优秀文化的基石，是中华民族血液中流淌着的最生动的历史元素。

恭人墓暗墓墓碑

博南古县衙花桥

典籍里，花桥村曾是“汉德广，开不宾”时的博南县县治所在地。明代皇帝派遣四品将军吴理这么一位高级别官员，率领大军常年驻守花桥，足以说明，当时的花桥属于军事要塞，具有举足轻重的地位，关乎国家安危，关系民族存亡。

现在的花桥村是大理州永平县博南镇的一个行政村，历史上的西南丝路“博南道”穿村而过。花桥村青山环绕，有山水画般的地貌、富于色彩的山峦、茂林茵茵的幽谷、细流涓涓的清溪，小桥人家，鸡鸣犬吠，一派田园风光。典籍里，这个风光旖旎的小山村，曾是“汉德广，开不宾”时的博南县县治所在地。

博南是永平的古称，东汉明帝永平十二年（69年）立博南县，直到元朝至元十一年（1274年）才改称为永平县。而“花桥”原本是一块花纹石板铺成的桥，后成为花桥村的地名。博南古县衙旧址，位于花桥村“普照寺”旁。走入旧址，“八字”开的大门，居高俯视着花桥街道的过往人群，大门前有十多台石阶。拾级步入，有一幢砖木结构的普通民房，面对大山，坐东向西。另有两幢同结构的厢房分列其左

右。整个建筑群依山而建、居高临下。院内的一株梅花生机勃发，格外显眼。春天，铜枝铁杆爆吐出鲜活的新芽；仲夏季节，巨大的树冠绿影婆娑，树上硕梅满枝，梅香四溢；寒冬腊月，满树繁花似雪，暗香浮动。

古县衙下方的花桥街道，虽然繁华不再，但昔日的辉煌依然有迹可循。石板居中、粗石镶嵌铺成的古街两旁，还有经历数百年沧桑的古老建筑。这些十分陈旧的土木建筑，有的相对完好，房顶荒草萋萋；有的瓦砾灰黑，庭院青苔迷眼；有的仅剩下残墙破壁。不过，从建筑结构和地理位置的特征上看，还能分辨出哪些是老马店，哪些是老铺面，哪些是店铺合一，哪些是居家院落。路道上，或深或浅的马蹄印依稀可见。有些古屋的主人家，现在还能很骄傲地搬出珍存的“传家宝”，即明清以来朝廷和地方官府颁赠旌表的“苦节坚贞”“见义勇为”等一类的牌匾、楹联。

古街上，间或有劳作的农人，扛一架犁耙，吆喝着两头老牛，自石道的深处而来。他们饱经风霜的脸上，满脸是散淡与清闲。农人和老牛，恬然地融入了水墨画般的田野，与田野一起共同组成一幅乡村画卷。还有几头山羊和一大群鸡、鸭，在小巷中自由自在地游荡。古街道沿途，一个妇女领着一个十来岁的小孩，牵着一只毛驴。在花桥，这些情景，构成了一幅幅移动的风景画面。

1958年，在花桥村古道边不足三百米的地方，当地群众在开挖荒地时，无意间破坏了一座古墓，引起了人们的注意；1989年，一户村民在这座古墓旁边平整宅基地，又破坏了第二座古墓；到了1992年，在三个堆子发现了第三座古墓，并被县文物主管部门妥善地保护起来。1999年经国家文物局批准，发掘清理第三座古墓，真正揭开了三堆坟的秘密。古墓是典型的暗墓形式，所说的“暗墓”就

❶ 花桥古村落一角

❷ 花桥古关壁

❸ 花桥古屋房檐穿方

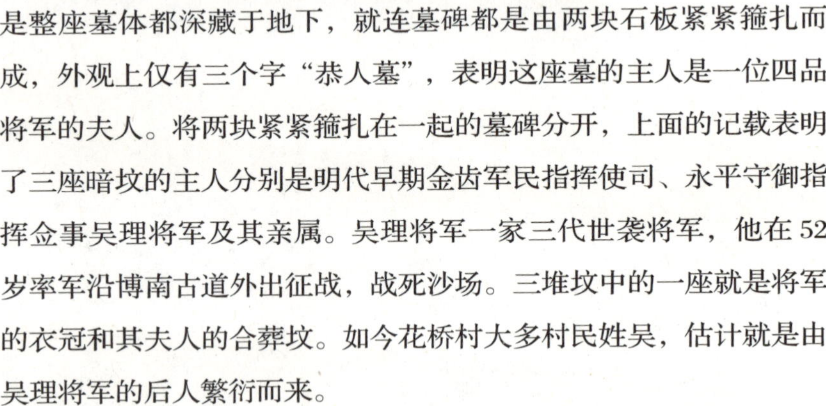

是整座墓体都深藏于地下，就连墓碑都是由两块石板紧紧箍扎而成，外观上仅有三个字“恭人墓”，表明这座墓的主人是一位四品将军的夫人。将两块紧紧箍扎在一起的墓碑分开，上面的记载表明了三座暗坟的主人分别是明代早期金齿军民指挥使司、永平守御指挥佥事吴理将军及其亲属。吴理将军一家三代世袭将军，他在52岁率军沿博南古道外出征战，战死沙场。三堆坟中的一座就是将军的衣冠和其夫人的合葬坟。如今花桥村大多村民姓吴，估计就是由吴理将军的后人繁衍而来。

四品将军吴理的官职，权限可以统兵万人。作战期间，四品将军若被委任为军队统帅，有权指挥浩浩荡荡的数十万大军。明代皇帝派遣四品将军吴理这么一位高级别官员，率领大军常年驻守花桥，足以说明，当时的花桥属于军事要塞，具有举足轻重的地位，关乎国家安危，关系民族存亡。

博南古县衙花桥，虽然有的东西已坠入历史的烟尘，但悠久的历史、厚重的文化、古朴的遗风，至今依然散发着迷人的光芒。

❶ 花桥

❷ 花桥古冢行

❶ 花桥“吴家贞洁匾”匾牌

❷ 古冢雕刻

❸ 胭脂盒

❹ 花桥出土的古币

古驿『曲硐』

曲硐村在历史上两次成为永平县治所在地，如今又成为县城的一部分，古代是西南丝绸之路博南古道上的一个重要驿站，如今是320国道、大保高速公路、大瑞铁路三条交通大动脉的交汇点，其潜藏的资源和魅力是丰富而深厚的。

永平曲硐，古时称“奇硐”，因小狮山上有一个不知深度、用途、何人开凿、何时开凿的奇异山洞而得名。

曲硐整个村落依山傍水，背靠巍峨雄壮的博南山，前临逶迤流淌的银江河。远古“蜀身毒道”博南段穿村而过，流至南方要隘博南山顶叮当关、后越兰津古渡霁虹桥，达永昌，通西域。

曲硐回族聚居村形成缘起于博南山和穿村而过的博南古道。

南宋宝祐元年（1253年），忽必烈率领十万大军进攻云南大理国。这十万大军中，有从中亚细亚及阿拉伯地区征调而来信仰伊斯兰教的士兵，在征战结束后，有部分留驻永平曲硐，屯守博南古道上博南山西麓要隘。这些“上马则备战斗，下马则屯聚牧养”的回回军逐渐发展成为曲硐最早的回族。在之后的100年里，先后有5批回回人移入云南，其中部分陆续来到曲硐，使曲硐回族聚居村落在这一时期初成雏形，永平回族共同体也逐渐形成。赛典赤父子主持大理政事期间，帮曲硐修建了最早的清真寺。

明朝时期，先后有四批回回军来到云南屯戍。其中正统六年至十三年（1441–1448 年），从江南调派了一批回族将士落籍于博南古道沿线把持“要害”，大兴屯田制。由于曲硐地处博南山山麓要塞，所以这一时期又有一大批回族来到了曲硐屯田住所，使曲硐回族人口得到增加，曲硐周边形成了完整的“九屯”之势，屯田面积 14252 亩。

清代前期，政治相对稳定，商业日渐发达。西南地区博南古道运输日趋繁忙，来往于博南古道上的马帮越来越多。西去东来的商队马帮，大多要在曲硐加足料、铆足劲儿才能重新踏上行程、翻越博南山。天长日久，曲硐古驿站越来越繁华热闹，逐步成为滇西回族人口最密集的村落，同时也成为滇西人流物流交汇中心，并两次成为永平县府所在地。清同治十一年（1872 年）首度发展成为永平县城，光绪十八年

（1892 年）县城从曲硐迁到老街；民国元年（1912 年）县城又由老街迁移曲硐，民国二十五年（1936 年）从曲硐迁出。在此过程中，曲硐回族群众经商习惯和理念逐步被熏染成熟。民国后期，曲硐全村运营马帮骡马发展到一千五百多匹。

曲硐七百多年来酝酿并保持了优秀的回族传统文化习俗。其中回族饮食习俗中，腊鹅制作、待客之道、食材取舍、食品禁忌等都附着卫生、健康、平等、温存等人文关怀的理念，所以远近闻名、广受欢迎。曲硐回族生活中，礼拜、婚礼、丧葬等习俗，充满了励志、尊老爱幼、和谐人本、敬畏自然等优秀传统道德观念。

曲硐也铸造了丰富多彩的人文故事。明代才子杨慎过曲硐、越博南，留下叫天之作《博南谣》；徐霞客在曲硐“煮豆炊饭”“浴温泉”，感觉到曲硐“其汤不热而温，不停而流，不深而浅”；美国著名作家、《红心照耀中国》（Red Star Over China）的作者艾德

加·斯诺留住曲硐老清真寺，写下《马帮离开大理前往中国永平》《在曲硐清真寺里过夜》两篇文章；闻名东南亚各国的曲硐马锅头罗汉彩倾资支持辛亥革命，竭力兴办“永平简易师范学校”，得到黄兴赠联：“适暹罗补中山捐资备械推翻帝制申大义，锁淘沙防西陲筹粮建军拥护民主著奇勋。”

清朝末年，以曲硐回族群众为主体的永平人，积极拥戴杜文秀起义活动，反对清政府民族歧视、民族仇杀政策，使永平境内的反清战斗，成为起义过程中重要的部分。全县范围，留下许多战场遗址和战争典故。抗日战争时期，曲硐回族人民“有钱出钱、有力出力”，参与滇缅公路开挖、保通工程，发挥当地马帮运输优势，抢运战备物资，支援前线，传为美谈。

历史上巍峨壮丽的曲硐“城池”外观格局虽然消失，但村落里时隐时现的古道、各氏古屋、十多口古井、六十多棵

❶ 老马店大门

❷ 曲硐人家的雕花门

百年古树，处处体现着丰富的古风遗韵。从小狮山上俯瞰整个曲硐村，瓦顶房屋纵横交错、气势宏大，巷道相互交织、迂回勾连，盘贯整个村落。在这方圆不到两平方公里的曲硐古村落里，居住着七千多回族居民，他们大多还保留着自家祖上留下来的老宅古屋。经营打理着核桃、中药材、饮食、皮张等生意，与周围其他民族共生共荣、和睦相处，不断承袭、接纳和弘扬着爱国、开放、包容、和谐、勤劳的民族传统。

如今，曲硐成为320国道、大保高速公路、大瑞铁路的交汇点，成了全国最大的核桃交易市场，成了集历史积淀、民俗风情、美食文化、天然温泉、现代商业元素、现代交通枢纽构架等优势资源为一体的魅力古驿，是云南“桥头堡”战略建设中的人脉洼地、投资热土。

❶ 小狮山出土的奇硐

❷ 小狮山出土的竖井

古驿杉阳

街市、人家、习俗等组合成了一幅历史古驿的画卷。

一条小街——

一条以毛石铺嵌、中间镶青石板的小街，它沿 20 度的缓坡从东北方往西南方下行，它呈一条稍不规则的直线。

小街很小、很短，从街头的过街楼到街尾的过街楼，全长约 1.5 公里，宽不过五米，居住有百多户人家。

但它却很长很长，它的东北方连着花桥驿、永平驿、样备驿、大理……直至长安；往西南延伸便是兰津渡（霁虹桥）、平坡驿、梯云路、沧平镇、天井铺、永昌城、缅甸、泰国、身毒，这便是西南古丝绸之路。

小街地处博南山分支的北岭与南岭之间一块槽形的小盆地里，博南古道从北岭下来，经小街再越南岭后过霁虹桥。

自古以来，商帮马队、官家百姓若走西南古丝绸之路，就必走博南古道，走博南古道就必经小街过。

——小街很短，它却南北连万里，一端在秦汉，一端在身毒。小街很小，却承载了数以万计的马帮、商人、过客、官家。

小街就是古驿杉木和。杉木和居博南山北岭之阳，所以又称为杉阳。驿站的老祖先也许是几户、几十户，他们为古道服务，古道也给驿站带来迅速的发展与繁荣。

小街两边，马店、商号、商铺、商家，一家连一家，家家经商，户户买卖，完完全全是一条“商业街”。

驿站上曾经有名在册的马店有老金家马店、马振兴马店、黄家马店、何家盐店、吕家大兴店、何家马店、马家建丰商号、李家马店、潘家马店、刘家马店等。这些马店有的分布在街道两旁，有的零星散布在驿站周边的村庄。

每当马帮到来，马店的大院子摆满了马帮驮子，院子一长排的马圈关满了骡马，马店的客房住满了赶马人。店主人忙里忙外，照应客人与骡马。小镇马店中首屈一指的是吕家大兴店，该店客店、马店兼营，场地宽，客房多，主人善经营，曾兴盛了很长的历史时期。镇上当年曾流传着“住店要住大兴店，人又和气店又宽”的民谣。

驿站上的“建丰商号”也是家大马店。商号的主人名马锦元，号子建，为长湾人。马氏携资金来杉阳创建了建丰商号。建丰商号的旧址就是原杉阳供销社所在位置，现存的临街土木结构房就是当年马家的临街商铺。临街商铺往东通到沙河边，面积约三亩多，分前后两院，前院摆放驮子和人住，后院关马。临街商铺是一栋五间的楼房，北面的第一格是人通行的大门。

驿站上除马店以外，有餐馆、烟馆、牛羊肉汤锅铺、肉铺、中药铺、布店、糕点店、理发店、豆腐店、油粉店、酱油店、酒厂、缝纫店、皮匠店等等，最多的是杂货铺，多达几十家，他们经营的都是马帮、行人所需的日常生活用品，如草烟、洋火、草鞋等。

每当夜幕来临，驿站商家的灯火将小街照得通明，赶路的行人，迟到的挑夫、马帮仍络绎不绝，喧嚣声常常彻夜不息。

驿站杉阳，商贾云集，且来自五湖四海，有些同乡的商人便在此设立了会馆。会馆由发起人共同出资兴建，供同乡商旅之人食宿、聚会并互通商业信息，以利于大家共同发展。历史上建有江西会馆，旧址在黄家大院下隔壁；保山会馆，旧址为小街上关庙下，现钏氏人家居处；四川会馆，旧址在今人所称的川庙；云南会馆，旧址在关庙。

历史上的一个早晨，朝阳洒满杉阳街时，青石板街上便喧闹了。早发的马帮的蹄声、响铃声，挑夫商贩与店家的辞别声，嘈杂着整个街道。而紧闭大门的杨家院子里，气氛有几分肃杀，堂前的阶上跪着一个十岁左右的小男孩，双手捧着本线装的三字经在诵读，小孩的母亲面色愤然地坐听他诵读。

这位母亲，姓杨，名润秀 “太君（润秀）志抚胞妹子为螟蛉。以承杨氏嗣，更名俊才（小男孩）。束发，令就傅课读，惟严。偶疏则呵责随之。乡里咸称太君酷有陶孟之风。俊才亦孜孜惕厉，自是而初，高而师范（永昌师范）学成，

如今依然存在的杉阳铁匠铺

擢任永平县劝学所长。在任有年余，整顿学务之筹建经费建校舍，委充任诸端井井有条，而为督学尤为郑重，识者咸谓太君之教也”（摘自《杨润秀墓志》）。

杨俊才学业有成，基于义母润秀之教。这是驿站崇文尚教人家的代表。

驿站上的李氏人家是个大姓，原籍南京，在驿站上有“李半街”之说，其大支后人李根达曾为永昌府某厅长秉笔师爷，家中曾有“以文会友”牌匾。本家族规十六言中有“睦宗族、重书礼、敬本业、勤耕读”的训示。

驿站上的何家，祖上就在永昌板桥驿开一商铺，其收入专供何氏子孙到永昌府求学之用。这一举措世代延续，为何氏培养了许多文化人。

历代的商人、移民看到驿站杉阳“山川明媚秀而丰，人物天然迥不同”，纷纷在此安家立业求发展。这些各省籍的人聚居于此，带来了丰富的汉文化，滋润了这块蛮荒之地，并生根开花。因此，崇尚中华传统文化、重视教育这一优良传统也在杉阳蔚然成风，并世代相传。

驿站人家，有百分之九十以上都经商。“恒升裕”商号的主人林氏是四川人，从成都来到杉木和。“杉阳街，位居县城西南九十里……物产丰富，为永平著名重镇。每逢天干丙辛日街期，保山云龙及各乡镇之货物，悉驮载往售。主要营业略同县城，而尤以食盐、蔗糖、草鞋、马掌称为大宗，赶街人数不让老街（县城）。市场集所，在该镇沙河东岸，有直街，有横巷。”（《林氏家谱》）林氏先人眼光独到，到此地便留下，“租屋、贩零碎度日”，几年后“置地建房”，开了“恒升裕”商号，主营食盐，兼以其他日杂百货土特产。林家在永平县城老街镇以及腾冲等地设有分号，在洱源乔后盐矿派有专人发货，还有自家的马帮专事驮运食盐等货物。

《林氏家谱》中还记载了自己的经营之道，也可称其为家训：“小生意靠守，大生意靠走。”“不吃亏，不得利。”“重信义，轻

功利。”等等。

驿站人家有许多是明朝官方大移民或屯戍安居下来的。现杉阳镇辖区内的杉阳村、何家村、田心村、阿邑寨，都居住有何姓人家。他们的始祖何济，为南京应天府大石头竹子巷人氏。“明洪武二十六年（1393 年），何济随从族叔平羌将军何福征伐南甸土司刀罕孟到永昌，刀罕孟乞降，擒斩后，回师驻守四川泸州。建文四年（1402 年）复到永平、永昌巡护。往来流寓，因视杉木和地土饶沃、山川丰厚，是以卜居于此。其住居因遭水患屡次眷移，总以田心为名者，以缅夷刀思伦之事而得从族叔何福征讨，以至于此。”（摘自《何氏家谱》）何氏家谱中对子孙也做了训诫：“……勿以小故而堕宗支，勿以微优而伤亲爱，勿以侮慢而违逊让之风，勿以偷薄而亏友睦之谊，共体祖宗慈爱之心，常切水木本源之念……”

驿站杉阳的人家，来自中国历史上不同的朝代、不同的省份、不同的社会阶层，他们共同聚居于此，与本地土著民族和睦相处。他们带来的先进思想理念、先进文化、先进农耕技术、先进工艺手工等技术，大大加快了本地社会经济、文化、生产力的发展进步。

古驿杉阳历史上，在人民的生产生活、风俗习惯方面有许多独具地方特色的产物。

看戏是古镇人们的最爱。镇上有一个滇剧班子，每逢民间传统节日，都会演剧，剧院在驿站上的关帝庙，庙门楼上是一戏台，台前有大院子。每到剧班演出，驿站整条街的人都会丢下家中活计，跑来看戏。有年纪大的抬条凳子来坐着看，年轻的站着看，满满一院子多达几百人。院场边一溜的做小簸箕生意的——卖瓜子、葵花籽、松子等。戏班子演出的剧目都是古驿人们喜闻乐见的《三气周瑜》《秦香莲》《白蛇传》之类。戏演到高潮处，院中观众会随剧情大喊大叫，甚至怒喝剧中人物，激动不已。戏班演出的这些剧目，几乎都是重复演出，可驿站的人们仍百看不厌。散场后都还在评论演员，“大爷的唱腔如何如何”“二哥的功夫怎样怎样”，尚喋喋不休。其实这剧班子成员没有一人是专业的，他们是一群滇剧迷自发组成的，有铁匠、教书先生、镇公所的镇丁、师爷、郎中先生、屠户等等。他们演剧纯粹是释放自己的所爱，娱乐自己，并给驿站人一份文化享受。

古驿杉阳“青山围古邑，流水带荒村”，边远而偏僻。这里的人们对富有文化元素的滇剧的深爱，曾让在这驻足亲临剧院体验过的官家、客商们感叹不已。

在古驿杉阳历史上，手艺人有铁匠、铜匠、犁头匠、小炉匠、木匠、石匠、泥水匠、瓦匠、篾匠、皮匠、鞍匠等，这些行业涉及马帮需要和人们生产生活的方方面面。铁匠就有十几家，他们主要生产马帮用品：马掌、马钉、马刀、钉锤等。马掌是杉阳镇的特色大宗产品之一。四方商贩都到杉阳贩运，杉阳各家商号的马帮再向外贩运。镇上双家的马掌因其质量好而出名，过往马帮都争相购买，声名播及永昌大理。

手工编织草鞋、草席、草帘子（即草垫子）、草墩、扫帚，在杉阳镇周边村庄，几乎个个女人能织。这些织品的材料是稻草，户户都有，织席子需要一个席架，编草鞋只需一个木耙子，往房柱根上一捆即可。白天忙田间地头的活儿，晚上一家人围坐火塘边闲聊，妇女们在火塘边开始她们的“手工业”。镇上人们管这些编织活叫打草鞋、打席子、打草墩。草席用野生席草织的就叫盖席，是马帮的必用之物，草鞋也是赶马人的必用之物。有史以来草席、草鞋也是杉阳镇的特产之一，它产量大、销量也大。

古驿杉阳，流淌的岁月在这里镌刻下了它千古不灭的足迹，这里有汉武古道、诸葛石桥、立禅古刹、升庵祠堂、霞客身影、永历战场、斯诺红星、悲鸿奔马……历史给古驿杉阳戴上了闪光的花环，也是历史摘去了它的光环，真是兴于斯、衰于斯——古驿杉阳自滇缅公路开通后，便日渐冷落。昔日的繁华喧嚣渐渐远去，当年的赶马哥也改行了，手中的

杉阳如今遗留的古街古店

马鞭换成了锄头、镰刀，在那逝去的年华中渐渐老去。古驿站的历史风貌也被现代小城镇建设进程逐渐淹没，一座座钢筋水泥大厦取代了昔日土木结构的商号、马店、商铺，柏油公路取代了古道，汽车取代了骡马，丰衣足食取代了节衣缩食。幸福的人们不经意间回首，才发觉那逝去的历史文化、古驿站是多么的珍贵，这让他们郁郁寡欢。然后他们离开水泥房子，重又聚在一起，互吐衷肠，谋划什么呢？当然是如何延续那曾经动人的故事，他们雄心勃勃而又激动不已。这些事虽然进展缓慢，但毕竟是一直向前的。

岩北——中国核桃第一村

全村核桃种植面积3.76万亩，户均69亩，总产量800多吨，产值1850万元，户均收入30130元，人均8700多元——这个因核桃出名的行政村，无可厚非地获得了这些荣誉："中国核桃第一村""中国十大名优核桃""中国核桃之乡"。

一株挨一株，一片接一片，一山连一山，像神灵的巨手在大地铺设的一张绿毯子，又像无边绿海涌起的层层绿浪。初夏，站在岩北村某个合适的位置观看万亩核桃园，你会看到，整个岩北村就是一个核桃的世界，你会深深地震撼于岩北村核桃的种植规模，你会深深地陶醉于满山的绿色给你带来的视觉冲击。"林在村中、村在林中。"白墙青瓦、造型别致、设计精良的小洋楼，如星星一般，散落在核桃林中，平坦宽阔的柏油路蜿蜒穿村而过，摩托车、农用车、微型车、轿车往来不绝，富足、美好、和谐的气息洋溢在村庄中。这时候，你会觉得，被中国果蔬产业品牌论坛组委会评为"中国核桃第一村"的岩北村，确实当之无愧。

走进岩北村，你就走进核桃的世界！走进岩北村，你就会淹没在核桃的海洋里！

全村核桃种植面积3.76万亩，户均69亩，总产量800多吨，产值1850万元，户均收入30130元，人均8700多元。这组数字，诠释了这个地处滇西大山深处的一个山区小村，何以冠绝华夏，稳稳地将“中国核桃第一村”的美名收入囊中。

从永平县城往南，沿银江河顺流而下二十余公里，拐向东，过七昌村，就是岩北村。这是一个被幸运之神眷顾的地方，大自然给了它最适合核桃生长的条件：全村最高海拔2400米、最低海拔1760米，年均气温17℃，相对湿润的土地，有机质含量较高的土壤……这些条件，成就了岩北村核桃及其美名。

有先见之明的岩北村群众，准确地预见了泡核桃发展的前景。从20世纪80年代末到90年代初，他们开始改造铁核桃，培植泡核桃。三十多年来，岩北村“当家的”几易其人，但发展泡核桃的目标一直没变。经过多年的艰苦努力，村里的核桃种植面积不断扩大，农户采种、育苗、嫁接、种植、管理、采收及果实的加工处理等方面的技术日趋成熟，摸索、积累了管护这株“铁杆庄稼”的丰富经验，无论是核桃的数量还是质量都有了飞越式的提升，岩北核桃“树型好、果大、饱满、壳薄、仁白、味清香回甜、蛋白质含量高、油脂含量低、保存时间长、不易变质”的优良特点已被广大商家和消费者认可。

有了核桃这棵“摇钱树”，岩北村群众的“腰包”鼓起来了。全村核桃收入在5万元以上的农户有一百多户，人均核桃纯收入居全县“榜首”，“户户都栽核桃树、人人都花核桃钱”，成林成片的泡核桃成为发家致富的“绿色银行”。村里的小伙子不再外出打工“卖肋巴”，坝区的小姑娘也纷纷嫁到岩北村，他们用核桃树上的“金果果”，换来了新房，换来了摩托车、农用车、微型车、轿车；他们美化了庭院、新建了洗澡间，把公路修到家门口；他们兴办了幼儿园，还到县城购房居住，成为“山上有产业、城里有事业”的“两栖”农民。

如今，走遍永平县的村村寨寨，你会发现，岩北村的状况，仅

仅只是永平县核桃发展状况的一个缩影。虽然县域内其他各地核桃的发展规模可能比不上岩北村，但你走到任何一个有人居住的角落，几乎找不到不种核桃的农户，也找不到不种核桃的地块。换句话说，如果把岩北村看成是一个小泡核桃园，那么，整个永平县就是一个巨大的泡核桃园。

永平县位于大理州西部、澜沧江东岸，是大理州的“西大门”，山区占全县总面积的95%以上，其纬度、气候、土壤条件非常适合种植核桃。一直以来，永平县经济社会发展水平相较全州其他县市都较低。“八五”期间，永平县提出了大力发展泡核桃的思路，先后制定和组织实施了发展核桃产业的“10811”工程和“20105”工程；“十五”期间，提出了支持党政机关、社会团体、企事业单位与农民联合开发荒山、兴办绿色产业，鼓励机关干部职工带头发展泡核桃产业的发展思路；“十二五”期间，又提出了“一快二转三突破”的发展思路；经过艰苦的探索和实践，全县核桃产业无论是在种植观念、管理方式，还是发展的数量和质量上都跃上了一个新的台阶。

随着全县核桃种植面积逐年扩大、产量逐年增加，催生了曲硐村这个滇西最大的核桃交易市场。每年核桃上市的季节，来自上海、广州、福建等地的客商齐聚曲硐购买核桃，争抢货源的情况时有发生。岩北村群众运来的核桃，哪怕价格相对高一点，客商们都会争相购买。在曲硐这只“领头羊”的带领下，以果亮、木元公司为代表的深加工企业也逐步崛起，全县年加工经营核桃干果24000多吨，实现核桃加工增值19924万元。

核桃产业发展结出“硕果”，荣誉也接踵而来：2006年，永平县就被中国优质果品基地暨果品产业先进典型评选组委会评定为“中国优质核桃基地重点县”，2009年，永平泡核桃被中国果蔬产业品牌论坛组委会评为“中国十大名优

❶ 核桃、花椒立体种植

❷ 核桃、花椒、烤烟立体种植

核桃”，2010年，永平县被中国果蔬产业品牌论坛组委会评为“中国核桃之乡”。最新数据显示，永平县核桃种植面积已达158.7万亩，种植面积全省第三、全州第一，产量7.35万吨，产值21.74亿元，产量和产值均居全省第一。如此种种荣誉的获得，岩北村功不可没。

对于核桃这棵关乎民生命脉的“摇钱树”，永平县可谓倾注了心血，悉心栽培。2014年，永平县出台了《加快核桃产业提质增效的实施意见》，每年安排县财政资金120万元，专项用于扶持核桃抚育示范基地项目、龙头企业培植、科技支撑、无烟烘烤及标准化体系建设等。未来数年，每年实施5000亩以上核桃抚育示范基地2个，培植4户年加工在1000吨以上、产值4000万元以上核桃果、核桃仁加工营销大户，引进或培植一户核桃精深加工龙头企业。到2017年，实现核桃产量7万吨以上，产值20亿元以上，农民人均核桃收入3000元以上。这些扶持力量，这些预定目标，预示着永平县的核桃发展将迎来一个新的“黄金”时期，而岩北村这个核桃产业发展的“先锋”，或许将迎来一次真正的“蜕变”。到时候，这棵“摇钱树”就会变得更加名副其实，将为生活在这块热土上的人民结出更多的幸福果。

核桃林中的家园

永平端午花街

离端午节还有几天，花商、花农们就陆陆续续来到县城，从博南东路下半段开始往东，在青石板人行道上搭建起临时花铺，将所售花草苗木及其他待售物件整齐有致地摆放好。然后，他们在花铺中摆几把竹椅，放一张木桌，置一套茶具，沏一壶淡茶，聚几位好友，一边品茶，一边海阔天空，一边待顾客上门。那神情，不像做生意，倒像在自家后花园里消夏。

每年端午时节，数百花商、花农携万千花草苗木，齐聚永平县城博南东路（当地人称之为“东大街”），将这条普通的街道，装点成一方花香鸟语的世界。

此时此街，永平人称之为“端午花街”。

端午节期间，居住在县城或城郊的居民，除了吃粽子、喝雄黄酒、拴五色线、挂菖蒲，用这些传统的方式纪念屈原大夫、祛病防疫、祈求安康外，逛花街，是他们雷打不动的“节目”，甚至，有些山区群众也受花街热闹气氛和各种漂亮花木的诱惑，不远百里，来到花街，淘些花木回去，装点家园。因为，过端午节不去花街逛一趟，或者，逛花街不买一两株花木回家，他们就会觉得，这一年的端午节算是白过了。好像举行一场祭祀时，祭祀的人竟然漏掉了一个重要的环节，或者观看一场演出，却错过了最精彩的节目，总觉得心里有

挂牵、有亏欠，极不自在。

这条让他们记挂的博南东路为东西走向，全长一千余米，主街两旁的绿化带上种有龙爪槐，绿化带外有非机动车道，再外面，是人行道，道宽 3 至 6 米，铺有青灰色石板，古朴而整洁。在这自由而慢节奏的小城，这种宽度的青石板路，用来摆摊设点，卖早点、夜宵，或卖些花花草草，是最合适不过了。

端午节前两三周，各地的花商、花农们便忙碌起来，他们给自家种养的花草苗木换盆培土、修枝整形、喷肥施料，想方设法把它们打扮得更漂亮，以便在花市上卖个更好的价钱。离端午节还有几天，花商、花农们就陆陆续续来到县城，从博南东路下半段开始往东，在青石板人行道上搭建起临时花铺，将所售花草苗木及其他待售物件整齐有致地摆放好。然后，他们在花铺中摆几把竹椅，放一张木桌，置一套茶具，沏一壶淡茶，聚几位好友，一边品茶，一边海阔天空，一边待顾客上门。那神情，不像做生意，倒像在自家后花园里消夏。

此街虽名为“花街”，事实上，众花铺里出售的不仅是各种花草，还有各种苗木、赏玩鸟雀、各型花盆以及山基土等。当然，有几样东西是一定少不了的——粽子、雄黄、五色丝线、荷包、香囊、菖蒲、艾蒿等。这些东西，或摆放在显眼位置，或挂在一伸手就能碰到的地方，它们就像眼睛，将花街这条长“龙”激活，并与端午节的气氛完美地融合在一起。这些时日，或上班、下班时，或通过博南东路进城出城时，你会发现，车流、人流更为繁密，虽然相较于平时显得有些拥挤，但你再看看路两旁那五颜六色的花草，看看那些流连于花市的慵懒人流，闻着那沁人心脾的各种花香，听着各种鸟雀的歌声，你会觉得，道路虽然拥挤，却不添烦加愁，反而趣味盎然。甚至，你会幡然醒悟：繁忙的生意，干不完的工作，做不完的杂事，已经让自己错过太多，或许，生活并没必要那么匆忙，好多事情都可以放一放、缓一缓，慢一点又如何，停一停又如何？于是，在某天晚饭后，你决定不谈生意、不谈工作、不加班、

不劳作，你卸下所有压力，带着一家老小，来逛花街。眼见得数百个花铺一个紧挨一个，密密地一字排开，一直延伸到博南东路上半段，每个花铺都能给你耳目一新的感受：这家主营缅桂花，那家专销茶花，这家出售水果杨梅苗，那家却运来大批量的樱桃苗，这家稀疏地摆几盆大富贵树，那家却大杂烩，密密麻麻地经营着上百种花草。罗汉松、茶花等珍贵花木，干粗枝旺，气势不凡，栽在直径一米多的大水泥花盆里，吸引了殷实大户人家的目光；佛珠、刺绣球、多肉白牡丹等袖珍玲珑、精美可爱的草儿们栽在茶杯大小的陶瓷盆里，让孩童们心动不已……你想买的、想看的、关注的，都会在某一个花铺的某一个角落里找到；认识的、不认识的花草，都会猛然出现在你眼前，让你惊喜不已。有时，你正低头挑选花木，一声怪异顿挫的“欢迎光临”声会吓你一跳，四处看时，原来，是一只“八哥”在跟你打招呼。你也偶尔会遇到熟人开的花铺，铺主会邀请你坐上一会儿，喝杯淡茶，吃个香粽，并随手挑一盆小花小草送给你，你不必推辞，收下便是。

端午节当日，花街最热闹。晚饭过后，人流达到最盛，老爷爷老奶奶，大妈大叔，小伙子小姑娘，成群的孩童，你来我往，摩肩接踵，有专门来买花的，有的却只为凑热闹，随意地逛，随意溜达，漫无目的。有的买几个粽子边逛边吃，有的买个荷包赠予心爱之人，有的买盆小花装饰自己的小屋，有的买点雄黄涂抹在小孩子脸上驱蚊赶虫，有年轻男女干脆将花街作为约会之地，一边赏花，一边恋爱，美美地幸福着……人虽多，铺主却并未大声招揽，也不摆放广告牌，不急于做生意，而是一边喝茶，一边悠闲地看着人流，尽显小城人生活的散淡随性之气。偶有顾客来挑选花木，铺主就会详尽地为其介绍各种花草的名称，并根据顾客的栽种环境，推荐合适的草木。顾客挑好中意的花木，铺主再详尽地为其

花街

介绍花的习性、培植方法、管护技巧。除个别斤斤计较之人，绝大多数都能在一番讨价还价之后，达成生意，铺主售了花木、赚了钱，顾客也捧得心仪花木归去。直到夜深人静，人流才慢慢散去，橘红色的路灯下，无数充满灵性的花草也慢慢进入梦乡。

花街街期不长，大致在端午节前十天至后十天。随着端午节节日气氛逐渐消散，众花铺也渐次撤走，当最后一家花铺消失，博南东路也恢复了平日的面貌和宁静。从花街回来的人，花好些时日才从花街的氛围中走出来。

一个小县城，为什么会有这样一个规模虽然不大，却热闹温馨、充满情味的花街？但凡一个集市的形成，往往缺不了两个条件：一是民众需要某种或某类物品，二是有人想方设法提供并售卖这种物品。永平“端午花街”的形成也并非偶然。若要追溯渊源，

得回到公元前四五世纪。当年，途经永平前往缅甸、印度的“西南丝绸之路”的雏形已成。东汉时期，永平设置县级行政机构，中原及江南移民不断迁入，丝绸之路上，来往的马帮、官兵、学士、商贾、移民等，不仅将中原的各种物产带到边陲蛮夷之地，更是把饮食、服饰、农耕文化等播撒到了边陲蛮夷之地，乃至南亚各国。同时，又把各国的物产及文化传回中原。

这其中，就包括来自缅甸的缅桂花。在永平县，民间至今还流传着一段关于缅桂花的浪漫故事：元朝时期，一个来往于“西南丝绸之路”的黄姓马锅头，在古驿杉阳歇店住宿，对店家年轻貌美的小姐产生了爱慕之情。黄姓的马锅头为了博得店家小姐的芳心，经常从缅甸捎来一种香似桂花，却不

是桂花的花儿送给店家小姐。店家小姐喜爱这种花的香味儿，或把花置于枕边，或用线串起来坠于胸前。最终，一段美好的姻缘，就在这种香如桂花、形似玉兰花的花儿牵线搭桥下结成了，黄姓马锅头入赘店家，在杉阳安了家。为了感谢这种花促成了这段姻缘，他把这种花从缅甸引进杉阳进行种植，并取其“加冕富贵”之意，称其为“缅桂花”。

故事的真实性有待考证，但却透露出了这样几个信息：“西南丝绸之路”在古代发挥了巨大的交通作用，是古中国与南亚各国交流沟通的国际大通道；来往于“西南丝绸之路”的马帮、官兵、学士、商贾、移民众多，促进了古中国与南亚各国政治、经济、文化等的交流。永平县花卉文化历史悠久，气候宜人，阳光、雨量充沛，其气候环境不仅适宜缅桂花生长，各种花卉都极易培育、繁殖，这样的条件，使得区域内的人民爱养花养草的习俗得以轻易地传承下来。

有了这些信息，就不难理解，永平县各地，特别是“博南古道”沿线的村镇为什么“家家养花、户户种草”的现象会特别突出。特别是杉阳镇，自古以来，无论深宅大院，还是清贫人家，都要在院子里种些花花草草，其中，缅桂花是绝对少不了的。时间久了，院子里的花木越养越盛、越养越多。每年端午节前后，正是栽培各种花草苗木的最佳时节，有多余花草的人家，就会在这“栽杵臼棒都会活”的时节，不约而同地到集市上销售这些多余的花草，其中，缅桂花、桂花、樱花、水果杨梅、甜柿苗等花木最受欢迎。

以县城为例，当新华街最为繁华的时候，这些卖花草的零散小摊主要集中在新华街下半段。后来，新光街成为县城商业中心，花摊、花铺便转移到了电影院门口一带。再后来，博南东路、博南路等街道相继建成，花摊、花铺又转移到了这些街道。有头脑灵活、目光独到之人，看准了商机，瞄准门道，租借田地，规模化种养花卉，并远销省内外。2002 年 6 月 15 日至 17 日，也就是端午节那几天，永平县首届以宣扬缅桂花为主的花卉文化“缅桂花节”在县

城成功举办，受此引导，全县花卉种养业以更加迅猛的态势发展，以缅桂花为主的花木名声大噪，部分缅桂花种植户因此走上了致富路。此后，这个以民间自发组织为主的节日，以“端午花街”的形式存留下来。近年来，随着城乡居民生活水平的不断提升，民众美化家园的愿望也不断增强，对各类花草树木的需求量逐年增长，永平“端午花街”也因此有市场不断扩容、越赶越盛之势。在 2015 年的“端午花街”上，参与的花商近三百家，花卉交易额超百万元。

照此势头，不难想象，或许在不久的将来，不单是博南东路，整个县城的各条街都可能会成为花街。这样，才能容纳下众多花商、花农，也才能容纳下慕名而来赶花街的人流。如果真有那么一天，永平“端午花街”又会是一种什么样的情景呢？

滴血滇缅路

熟悉中国近代史的人都知道，在波澜壮阔的抗日战争中，有一条滇缅公路支撑着中国的抗战，被称作大动脉。但修筑滇缅公路的艰难却鲜为人知。本文客观地记录和追忆了当年滇西永平县参与修筑滇缅公路可歌可泣的事迹。

牧草苍黄，历史悲壮。翻开中国的近代史，每一页都血迹斑斑。卢沟桥事件后，中国的抗日战争全面爆发。由于军事实力悬殊，中国军队节节败退，日军迅速占领了大半个中国，并封锁了所有通往中国的港口、铁路和陆路国际交通线，使中国成为一座孤岛。这时的中国，内无钱粮军火，外无国际援助，命悬一线。要打破日军的封锁，唯一的办法就是从西南大后方开辟一条新的国际大通道，让国际援华武器和物资源源不断地进入中国，抗战才能支撑下去。

1937 年 12 月，蒋介石采纳了云南省政府主席龙云的建议，下令修筑滇缅公路，限期一年开通。龙云更是下了死命令，将任务分配给沿途各县，要求九个月完工，将工期缩短了三个月。滇西重镇永平县，是滇缅公路的必经之地，也在修路之列，肩负着境内七十八公里的艰巨筑路任务。县长马秉升唯恐完不成任务，在接到命令的三天内，紧急动员了一万多民工，急急忙忙地开工，开始了艰苦卓绝的筑路历程。

十多天后，滇缅公路局局长唐柏英带着副局长陆振轩、总设计师李温平和总工程师龚继成等人前来巡视。唐柏英是美国华裔路桥专家，抗战爆发后回国效力，受到蒋介石的重用，委托他来修建和管理滇缅公路。在永平的工地上，唐柏英见民工大多是老年人和妇女，有些是六七十岁的耄耋老者，有些是十二三岁的小孩，他们光着身子、顶着烈日挥汗如雨地在山坡上干活。马秉升向唐柏英介绍，说永平人口少、任务重，人不分男女老幼，凡能劳动的人都来了。唐柏英听了，感动得流泪。

通过巡视，唐柏英发现了一系列的问题。他发现滇西的地质结构十分复杂，表面上看红土地很松软，但刨开红土之后便是凝结如混凝土的沙夹石，用十字镐等农用工具挖十分吃力。有一些巨大的石头，撬都撬不动，要用炸药爆破才行。另外，峡谷河流纵横交错，成为滇缅公路穿越的难题，需要搭建上百座大大小小的桥梁。架桥需要技术，让没有技术的民工来修建桥梁，工程进度很慢。

唐柏英将困难电告蒋介石，请求派军队支援。蒋介石立即叫龙云从驻滇西的息烽旅中紧急抽调了两个团，经过短暂培训后，做工兵使用，分散派到各工地负责爆破和建桥。于是，从昆明到畹町一千多公里的工地上，整天炮声隆隆、硝烟弥漫、飞沙走石，就像战场。永平境内有大小工地三十多个，每个工地都有四五名军人充当爆破手，凡遇到大石头和挖不动的地方，就让军人用炸药狂轰滥炸。有了军队的支援，民工们的压力减轻了，工程推进很快。

但也有非常艰难的地段。永平境内大多是高山峻岭，有些地方岩高、谷深、江河湍急，悬崖绝壁遍布，从谷结构异常复杂，在这种地方修公路，举步维艰。靠近澜沧江的那一

段是名副其实的“死亡之谷”，大峡谷纵横交错、连绵起伏、深邃恐怖，全是诡怪险峻的悬崖峭壁和深不可测的山谷，到处飞沙走石，随时都有巨石滚落，民工稍不注意便被落石砸死。这种鬼地方，别说修路了，就是行人路过都有性命之忧。

有一段路，是在悬崖峭壁间施工，施工人员必须在腰上拴着绳子吊在半空中进行高空作业，主要是凿炮眼、填炸药，然后请爆破手来爆破。在凿炮眼时，脚底是万丈深渊，滚滚的沘江水汹涌澎湃、浊浪滔天，山顶上的碎石不断滚落，不断造成人员伤亡。有时是腰上或崖顶松树根上的绳子没有拴牢，民工正在作业，突然间就坠落谷底，摔得粉身碎骨。在这段路上施工的全是生活在澜沧江畔的山里人，这些人从小就在高山峡谷里长大，能攀岩走壁，但悲剧还是不断发生，造成人员伤亡。

在县城附近和一个叫龙门的路段，基本上是一马平川，但施工也并不轻松。按理说，民工们只需把一层层梯田挖成一条直线公路就行，但这段路的土太软，必须从很远的地方挑沙砾填铺路面，然后平整夯实，还要挖排水系统。非常明显的困难是缺乏机械设备，只得靠手工作业，在所有的路段上，民工们都是用自己家里带来的背篓和粪箕来搬运泥土和石块，大家用这种“蚂蚁搬家”的原始方法施工。

修路用的压路机是一种大石碾子。石碾子的重量各工地不一样，轻的在两三吨之间，重的达五六吨。民工们就像纤夫一样光着上身拉着石碾子在压路，人少拉不动，往往是几十个人一起拉。上坡时石碾子比较容易掌握，但下坡时石碾子产生的惯性太大，很难控制，许多恐怖的事故时有发生，那些来不及躲避的民工常常被失去控制的石碾子压死。时间长了，民工们赤裸的肩膀破了、脚上的草鞋也烂了，在拉石碾子时，一使劲，身上鲜血直流，脚下一步一个血印。

经过近半年的艰苦奋战，五月末，滇缅公路永平段全面完成。但天有不测风云，在等待验收的前一天晚上，突然电闪雷鸣，下了

大理地区抗日战争唯一的实战遗址——鹰堆子炮台

一整夜的暴雨。滂沱大雨铺天盖地，就像银河倒泻，犹如沧海倾盆。深夜里，随着一声巨雷般的炸响，山体滑坡，一面山像流水一样哗啦啦地塌了下来，掩埋了路边的几个工棚，夺去了许多生命。山脚下，一棵古松被洪水冲倒，横着轰然倒下，正好压在了建在树下的几个工棚上，好多人当场毙命。狂风暴雨中，到处流淌着泛滥的洪水，一些民工在惊恐中四处乱窜，许多人不幸被洪水卷走。

天亮后，暴雨停了，洪水退去，清点人数，有两百多人失踪。不久，尸体被搜寻的民工们一具一具抬到了公路上，面目全非，惨不忍睹。一瞬间，哭爹喊娘唤儿之声，不绝于耳，人们号啕大哭，哭声震动山野。已经竣工的公路也全毁了，有些地方整座山都塌了下来，只见山，根本就见不到公路。有些路面上刚镶嵌好的弹石被冲到了箐沟里，取而代之的是堆积如山的塌方和牛大马大的石头，还有横七竖八的树木……

这次遇难的民工大多是在山里肩负着艰巨施工任务的县城所在地银江镇的民工，发生了死亡数百人的重大事故，县长马秉升不得不下令暂时撤离工地，先回去掩埋死去的民工。于是，银江镇的民工们留下了一小部分人守工棚，搜寻失踪的人，其他人用野藤和树枝制作的担架抬着两百多具尸体，悲壮地回家。城里的百姓已经知道了噩耗，扶老携幼地出城迎接自己的亲人，那些失去亲人的人家，老老小小抚尸痛哭，场面十分凄惨。那几天，一种悲戚的气氛笼罩着永平县城，两百多户人家，家家户户门上贴着白对联，伤心欲绝地办丧事。人死得太多，棺材不够，有些穷人家，用草席裹了尸体，草草安埋。两百多户人家一起办丧事，不少人家男人不够，出现了女人抬棺出殡的凄凉景象。

安埋完亲人后，民工们又返回了工地，继续修桥筑路。那些不幸遇难的人家，老子死了，年幼的儿子顶替，没有儿子的，女儿顶替，带着热孝上工地，可谓前赴后继、百折不挠。一转眼，就进入了梅雨季节，雨，每天都淅淅沥沥地下个不停，有时是暴雨，有时是绵绵细雨。因战局恶化，中国军队急需这条公路。为了抗战，民工们冒雨施工，在凄风苦雨和泥泞中修路，一天下来，一个个就像泥人。在饥寒交迫中，一些年老体弱的民工不断倒下、死去。尽管每天都面临着死亡的威胁，民工们还是每天都开工干活，毅然决然地坚持着……

七月中旬，塌方终于全部清理完毕，被洪水冲毁的弹石路面又铺上了新的弹石，几座垮塌的桥梁也重新架设完毕，永平境内的 78 公里路全部竣工，通过验收。在肩负修筑滇缅公路的二十多个县中，永平是第一家开工，也是最早完成任务的县。在施工中，有一千多人死伤，有些是事故，有些是死于疾病、饥饿和毒虫、猛兽、瘴气的侵袭。当民工们深一脚、浅一脚，一瘸一拐，一颠一跛，懵懵懂懂，跌跌撞撞，步履维艰，失魂落魄地回到家时，老婆儿女们根本就认不出他们。这些民工太狼狈了，一个个衣衫褴褛、蓬头垢面、面黄肌瘦、鼻歪脸肿，真叫人惨不忍睹！

1938年8月底，经过滇西二十多万各族人民的艰苦努力，全中国，甚至全世界瞩目的滇缅公路建成通车。国内段原测量为959.4公里，为了少架桥梁，有些路段不得不绕着山坡走，实际里程1005公里，国外段200多公里，直接贯通至缅甸首都仰光（现已迁都）港。滇缅公路，这条穿过了中国最坚硬的山区、跨越了中国最湍急的江河，蜿蜒上千公里的国际公路，对中华民族来说是一条不折不扣的生命线。这是一条滇西各族人民用血肉筑成的国际大通道，诞生于烽火连天的抗日战争中，在第二次世界大战中扮演着重要的角色。

修滇缅公路难，难于上青天。主要是难在公路经过的大多是崇山峻岭，有无数的大江大河阻挡。在二十多万筑路军民中，共有两万多人死伤。滇缅公路以中国云南省今天的行政区划分，穿越了昆明市、安宁市、禄丰县、楚雄市、南华县、祥云县、大理市、漾濞县、永平县、保山市、龙陵县、芒市、瑞丽市等二十多个县市。穿越过的主要大江有：螳螂江、绿汁江、龙川江、漾濞江、沘江、澜沧江、怒江等；主要山脉有：西山、横断山、点苍山、博南山、怒山山脉、高黎贡山山脉等。滇缅公路的开辟，彻底粉碎了日本企图围困逼迫中国投降的美梦。

从1938年8月底到1942年初的三年多时间里，滇缅公路上日夜车轮滚滚、尘土飞扬，八万多辆汽车不分昼夜地穿梭往来，夜以继日地为祖国抢运武器弹药、车辆机械、汽车零配件、汽油、大米、药品、棉纱、布匹、军用被服和各种生活用品。这些物资先运到昆明，然后分配运送到各大战区。随着国际援华武器和物资源源不断地进入国内，中国军队的

二战胜利修建的胜备桥

实力迅速增强，有些战区甚至出现了中国军队比日军还要强大，在进行局部反攻。

1942年初，日本皇军横扫东南亚，杀气腾腾地直扑缅甸，战略目的很明确，就是要摧毁中国的国际大动脉——滇缅公路。为了保住滇缅公路，中国迅速做出反应，组织了一支十万人的远征军，进入缅甸，协助英军坚守缅甸。然而，由于中英两军没有建立统一的指挥体系，作战不协调，且互相猜疑，使两支大军没有发挥出应有的战斗力。特别是中国远征军，虽然名将云集，但派系林立，指挥更加混乱，各自为战。缅甸之战，中英两军很快就败下阵来，日军攻占了缅甸，切断了滇缅公路。

日军攻克缅甸后，东京沸腾了，整个日本一片欢腾，军政要员们纷纷举杯庆祝，他们喝着殷红的葡萄美酒，欣赏着日本歌妓的莺歌燕舞，笑逐颜开。在日本人看来，没有外援的中国，最多两年就

会崩溃，向日本屈膝投降。然而，两年后，顽强的中国，不但没有崩溃，反而组织了两支大军实施“安纳吉姆”计划，反攻缅甸。美国名将史迪威将军指挥装备精良、训练有素的20万中国驻印军，从印度雷多，向缅甸进攻。国内再次组织了30万远征大军，在国军五虎上将之首卫立煌将军的率领下，在滇西强渡怒江，歼灭了攻占滇西瑞丽、芒市、龙陵、腾冲等地的日本王牌部队五十六师团，浩浩荡荡地杀向缅北。中国大军两路夹击、合围缅甸，经过血战，驱逐了日本守军，夺回了滇缅公路。

当年，在血雨腥风的国难岁月里，云南人民在修筑滇缅公路时，已经意识到这条公路将在中国和世界历史上扮演重要角色，但绝对没有料到这条路的命运会如此的曲折、悲壮，需要数十万军民的鲜血染红它。中日两军为了滇缅公路，先后投入一百多万兵力，反复争夺，血战连连。用云贵监察使李根源的话说，滇缅公路不是公路是血路，是中华民族的优秀儿女们用血肉筑成和保卫的，真是一寸公路一寸血啊！

战争的烟云早已随风飘散，历史的天空依然蔚蓝。遥想当年，如果没有滇缅公路，中国既波澜壮阔又扑朔迷离的抗日战争命运如何？谁也无法预料。

在带领永平人民完成滇缅公路永平段的修筑后，县长马秉升积劳成疾，一目失明。龙云念他修筑滇缅公路有功，为他破了县长不得在本地任职的先例，将他调回家乡龙陵任县长，调鹤庆人王锡光接任永平县长。王锡光是一介书生，爱好诗词歌赋，听说永平人民修筑滇缅公路的壮举后，感慨万千，创作了一首《滇缅公路纪念歌》，叫人打造了一块高大厚实的青石碑，亲自用行书将“纪念歌”写于碑上，请匠人阴刻，立于滇缅公路旁的博南山麓，以做永久的纪念。歌曰：

修公路，大建树，凿山坡，就坦途；造桥梁，利济渡。裹粮携锄沧潞边，哪管老弱与妇孺，龙永派工各一万，有如蚂蚁搬泰山。蛮烟瘴雨日复日，餐风饮露谁偷闲。总动员，追呼征逐荒田园，褴褛冻饿苦群黎，星月风尘度新年，一段推进又一段。死病相寻受颠连，飞沙走石轰石切。力已竭尽汗已干，伟大工程三千里，几月完成齐苦干。民众力量真魁巍，前方流血后方汗，不是公路是血路，千万雄工中外赞。土方竣，铺填桥涵又紧张，可恨天公心不良，朝朝暮暮降滂沱。补倒塌，更难当，违误通车干军法，县令焦急一目茫。力竭声嘶呼民众，辛苦坚韧莫彷徨。非怪功令急如火，为国贤劳罔自伤。东洋倭祸已深入，封我港口占我疆。君不见兽兵到处嗜屠戮，华北华南备耻辱；又不见华中华东成焦土，牛马奴隶俎上肉。兵员补充战疆场，胜利必须武器强，武器强，还要交通畅。努力打开生命路，出海通达印度洋。国际同情齐援我，军火输运畅通航。最后胜利确把握，驱逐强盗国土复。还我河山武穆志，坚定信念兴民族。

中华民国二十八年春录刻

滇缅公路纪念歌　鹤庆王锡光谨识

此碑屹立于博南山麓仅数年。新中国成立后，有人说《滇缅公路纪念歌》碑，乃国民党所立，要将它砸毁。当欲砸碑的人们到达立碑之处时，歌碑已不翼而飞，数十年间，一直不知所踪。1996 年 2 月，在拆除原国民党县衙旧房时，县政协办公室主任马光裕在废墟中发现了此碑，遂移交永平县文物管理所收藏，至今保存完好。

光阴荏苒，七十多年前的峥嵘岁月流逝了，当年永平人民修筑滇缅公路可歌可泣的事迹，已经成为故事。对于先人们的壮举，不管是凄凉悲怆还是辉煌，都不应该忘记。青山不老，绿水长存，歌碑为证，永平人民崇高的爱国主义和伟大的献身精神必将永垂不朽，永远昭示后人！

抗日战争中的永平人民

抗战八年，五万永平人民功绩卓著，但史绩已成过去，即使它遮天盖世也无法痊愈我们民族曾经的苦痛与耻辱，“铭记”才是我们永远的主题。

抗日战争中，永平人民倾全县之人力、竭全县之物力，为抗日战争的胜利做出了巨大的贡献。

1937 年 7 月，抗日战争爆发不久，中国半壁河山沦于日寇铁蹄之下。最为严峻的是几乎所有沿海港口相继沦陷，我国对外国际通道被封锁，各种援华物资无法运进，致使抗战物资十分匮乏。这种局势，使中国抗日战争处在了相当危险的境地。在这种严峻的形势下，开通一条连外国际通道，对中华民族来说生死攸关。

1937 年 8 月，国民政府决定修筑滇缅公路。该路起于昆明，止于缅甸腊戌，与缅甸的中央铁路连接，直接贯通缅甸首都仰光港口。滇缅公路在中国境内 959.4 公里，昆明至下关段早在 1921 年就已通车。这时修筑的是下关到畹町段，全长 457.4 公里。滇缅公路从下关出来便经漾濞、永平、云龙，

过澜沧江经保山达畹町。

滇缅公路在永平县境内有 78 公里，从胜备桥到黑羊箐。这一地段处澜沧江断裂地带，澜沧江的支流胜备河、银江河、沘江等遍布其中，大小山谷纵横交错，博南山脉的铁丝窝岭、麦庄岭高耸入云，麦庄岭的南坡直下至澜沧江边，山高坡陡，施工十分艰难。永平县在 1938 年 1 月初开工上马，当时人口仅五万多人，每天上马民工 3000 人。时任永平县长马秉升，曾对下属说："如果不能按时完成筑路任务，只有一起去跳怒江。"马县长日夜操劳，致使他的右眼失明了。最终永平仅用七个月的时间就完成了任务，负责的路段毛路全部开通，用工约五十万个，创造了奇迹当中的奇迹。

后来接任马县长的王锡光县长曾亲自创作了《修筑滇缅公路纪念歌》，这首歌真实地记录了永平人民裹粮携锄、忍受冻饿的修路情景，歌颂了永平人民为驱逐日寇不畏艰难困苦的民族精神。记录

修筑滇缅公路碾路石

永平修筑炮台路时留下的炮眼

这首歌的石碑，现存于永平县文管所，这块碑是永平人民参加抗日战争的功绩碑。

1940 年 10 月，日寇为切断中国抗日战争的补给线——滇缅公路，开始对滇缅公路上的枢纽，澜沧江功果桥进行轰炸。当年 12 月，永平县调集了 500 民工，修筑连接功果桥渡口的西岸便道，以供渡船、浮筏、浮桥通车用。后来的事实证明，这段便道修筑的战略意义非常重大。1941 年 1 月 22 日，渡口西岸便道修筑完工，东岸渡口开工，用了 144 只空汽油桶做成的“大渡船”下水。第二天 12 时，有九架日机第十四次轰炸功果桥，桥上有四根钢索被炸断，桥身半部坠江。日本东京的电台得意扬扬地宣称“滇缅公路已断，三个月内无通车希望”。国民政府交通部急电滇缅公路工程技术人员昼夜抢修，务必尽快通车。

这时候原来修建好的渡口通道和汽油桶做成的“大渡船”发挥了作用，汽车开上“大渡船”，船可载重 5.5 吨，民工们用钢绳将“大渡船”在两岸间拉来拉去直到大桥修复。就在交通部的急电发出不久，永平、云龙 800 名民工组成的大桥抢修队就回电说：滇缅公路的车队已经通过了波浪汹涌的澜沧江，整条公路保持着畅通。有力回击了日本东京电台的宣扬，大大鼓舞了抗战将士。从 1940 年 10 月 18 日至次年 2 月 17 日，日军就轰炸功果桥 16 次，出动飞机 242 架次，投下炸弹上千枚。但是由于有永平、云龙 800 名民工参加的军民抢修队的昼夜抢修，保障了功果桥的畅通。所以滇缅公路被誉为“炸不断的路”。

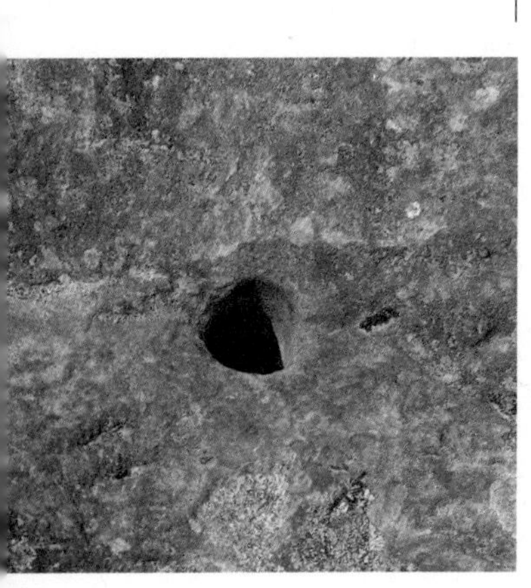

为了保护功果桥，国民政府决定在功果桥东山顶上设置防空炮台。防空炮台需修筑的公路长 20.8 公里。永平县负责 10.8 公里。1941 年 3 月接到通知后，就及时征集民工上马，县上派杨承恩为督工，上工 500 人。时任县长李杰亲临工地督催、鼓劲。通过 7 个月的昼夜苦战，永平投工 10 万个，云

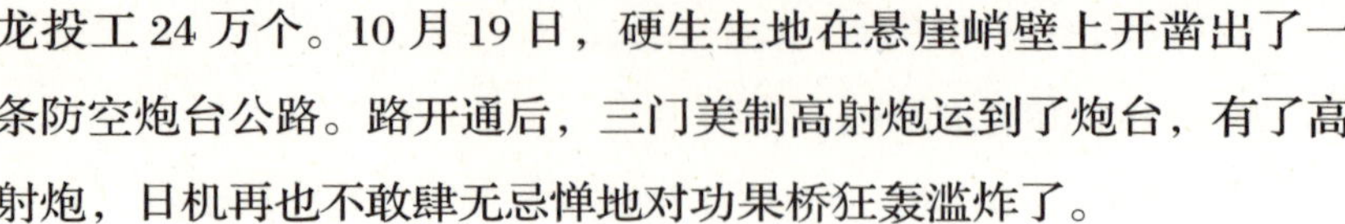

龙投工 24 万个。10 月 19 日，硬生生地在悬崖峭壁上开凿出了一条防空炮台公路。路开通后，三门美制高射炮运到了炮台，有了高射炮，日机再也不敢肆无忌惮地对功果桥狂轰滥炸了。

防空炮台刚修好，永平人民又投入到了滇缅公路加铺柏油路面的砂石料的准备工作中。1941 年 11 月 1 日该项工程开工，全县每天出工 2000 人，至次年 5 月 7 日，用工 30 万个，全面完成了省政府分派的土石方任务。1943 年秋天，滇缅公路全线改造加宽，永平县于 9 月 1 日及时开工，每天上工 4000 人，用了短短 25 天的时间，就全面完成了分派任务，用工 10 万个。

1945 年 3 月，永平县又参加了从保山到密支那公路的修筑。当时县政府委派杨标为督工、黄爱群为技术指导，率 2500 人的民工队伍，从永平出发，步行四天，浩浩荡荡开到保山蒲缥。这次修筑的公路总长 33 公里，从蒲缥的孔雀寺起到马厂街止。此地地势险峻、天气恶劣，到处瘴疠密布，所以施工非常艰苦，许多民工染疾生病、捐躯他乡。6 月份，历时三个多月，工程毛路完工，用工 22 万个。这条路因桥涵等没有修建，所以最后没有通车。

滇缅公路在刚刚通车时，每月货物运载量就达到 1000 吨。从 1937 年 7 月至 1942 年 5 月的几年中，滇缅公路抢运的军需品共计 45.2 万吨、汽车 1.3 万辆。所以有人说，自抗日战争以来，最悲壮、最恢宏、最巨大的贡献便是修筑滇缅公路，并把它称为“中华第一路”。而在这条公路的开挖修筑、改善加宽、抢修保通及其他各项工程中，永平县人民共投工 120 多万个，每次都提前圆满完成各项任务。

不仅如此，永平人民还为滇西抗战军队提供了数以千万计的军粮、马料和其他军用物资。

1941 年，滇西抗战开始，10 月腾冲失守。永平从原来的抗日大后方，一下子转变成了滇西抗战的前沿第二防线，一时间大军云集。抗日战争时期的永平县是云南省的三等小县，人口少，土地贫瘠，当时永平的粮食产量只能自给。但为了抗战，全县人民只好勒

紧裤带、咬紧牙关，为驻军提供粮食。自 1942 年至 1944 年 3 年间，共筹集军粮 4064 万斤、马料 2369 万斤。时任云南省田赋粮食督导员的李子静，在永平督征时写的《永平的粮赋》曾记录说：“大军云集，军粮不敷应用，农民税粮比之往昔，每年超过十几倍。在这样一个小县，出了这样多的物力，其痛苦实难言喻。今以杂粮代其食，赤贫无力者，则以山果裹其腹，所以我国这次空前胜利，实在是人民饿干出来的。”这段文字真实地反映了永平人民无条件支援抗战的历史事实。

当时大军云集永平，先后驻扎在此的有 3 个师，此外还有陆军七九兵站医院、第二军战炮营、骡马大队、第十一集团军兵站分监部、远征军兵

站总监部，以及一些数不清的过境部队。这些部队的菜蔬都是在驻地解决，消耗的数量真是无法统计。

永平人民为滇西抗战，倾其人力物力，畜力也不例外。当时滇缅公路上的汽车运力不足，地方上又没有公路，县内征集的军粮几乎都是靠人背马驮送往前方：一路沿滇缅公路出县境过功果桥到漕涧，征用骡马 3300 匹，农民 6600 多名；另一路由杉阳过霁虹桥经保山到怒江前线，征用骡马 1680 匹，农民 3360 余人。这些赶马人、农民分期分批不分昼夜地奔波在高山峻岭的羊肠小道上，他们中有许多人因劳累、饥饿、疾病而捐躯在途中。

抗日战争中，永平人民以无私豪迈的气概、勇于奉献的精神、不屈不挠的意志、赤诚的民族之心，经受了巨大的艰难困苦，为抗日战争的胜利立下了丰功伟绩！这场战争给永平人民留下了光荣的史绩，更留下了千载难忘的痛苦记忆。这痛苦的记忆将永远警示着永平人民牢记历史、勿忘国耻、珍视和平、开创未来！

曾经的滇缅路

滇西抗战烈士『忠魂永奠』

“滇西抗战阵亡将士纪念塔”，是国民党中央第二预备师于民国三十二年（1943 年）移驻永平整训期间修建的。这里，是滇西抗战烈士英魂的聚居地，更是烈士后人、战友千里迢迢前来祭奠的地方。他们以中华民族最传统的方式，虔诚祭奠已逝的忠魂。

在云南省大理州永平县城西郊的小团山上，曾经矗立着一座雄伟的纪念塔，这就是“滇西抗战阵亡将士纪念塔”。

这座塔，是国民党中央第二预备师于民国三十二年（1943 年）移驻永平整训期间修建的。据载：“民国三十一年（1942 年）春，倭寇沿滇缅路攻陷腾冲、龙陵，我中央军第二预备师师长顾葆裕氏，奉命驰援，比赶渡潞江，腾城已沦陷数日。孤军游击，苦战经年，凡与敌军大小六十八战，歼敌五千有奇。明年夏，移师永平整训，特建‘滇西抗战阵亡将士纪念塔’，以奠忠魂。”此项工程，仅用三个月竣工，建塔之费，多数由时任云贵监察使的李根源先生资助，碑石则出自前保山团管区司令赵宝贤捐赠。塔碑题词，多由邑人李炽等手书，地方能工巧匠篆刻。至民国三十三年（1944 年），中国军队渡潞反攻，第二预备师协友军收复腾冲，师

长顾葆裕奉命赴渝，途中经过永平，亲自瞻礼碑塔，下令重加修葺。始终主持修建者，为第二预备师副师长彭励聘任秘书、前暨南大学教授江竹人先生。

这里，是滇西抗战烈士英魂的聚居地，更是烈士后人、战友千里迢迢前来祭奠的地方。逢年过节，抗战烈士的后人、战友、当地驻军、当地干部群众、过往旅客，有组织或自发地前往塔园上香、供祭品、跪拜、献花、默哀，或失声痛哭，或默默肃立。他们以中华民族最传统的方式，虔诚祭奠已逝的忠魂。

史料载：纪念塔的顶端为三棱柱标，高约四米，气势峻拔。柱标上深深嵌刻着远征军司令长官卫立煌的题词："滇西抗战阵亡将士纪念塔。"整座塔为刺刀形状。柱标之下，镶嵌着一轮中国国民党党徽。党徽下为塔身，由 3 块高 1.7 米、宽 1 米的青石碑对镶而成。正前方碑面上书"忠魂永奠"四个大字。两块侧碑和靠而书：缅战失利，日军疯狂向我滇西进攻，腾龙相继沦陷。我中央军二十余万，先后反攻松山，击败日军，收复腾龙失地。松山之战，我军前赴后继，近万人壮烈殉国。为悼念英灵，特建此塔，以奠忠魂。碑石之下留有署名：云贵监察使李根源、陆军第十一集团军司令宋希濂、陆军第二预备师师长顾葆裕、陆军第二十八师师长刘伯龙、陆军第一九八师师长叶佩高等。

一座塔，一段悲壮的历史，一个民族的记忆。

1942 年春夏之交，日本侵略军攻陷缅甸后，立刻把战争的魔爪伸进滇西。滇西地区，硝烟弥漫，辽阔国土，大片沦陷。1944 年 5 月，驻滇远征军在盟军和云南民众的支持下发起了反攻，中国军人、盟国官兵同仇敌忾、浴血奋战，滇西各族人民、爱国侨胞全力支援。

"一寸山河一寸血，十万青年十万军。" 1945 年 1 月底，中国军人用鲜血和生命重新打通了滇缅公路，收复了滇西国土，开通了国际大通道，取得了滇西抗战的全面胜利。滇西抗战创全歼日军之范例，开收复国土之先声，国人深受鼓舞，盟国为之振奋，

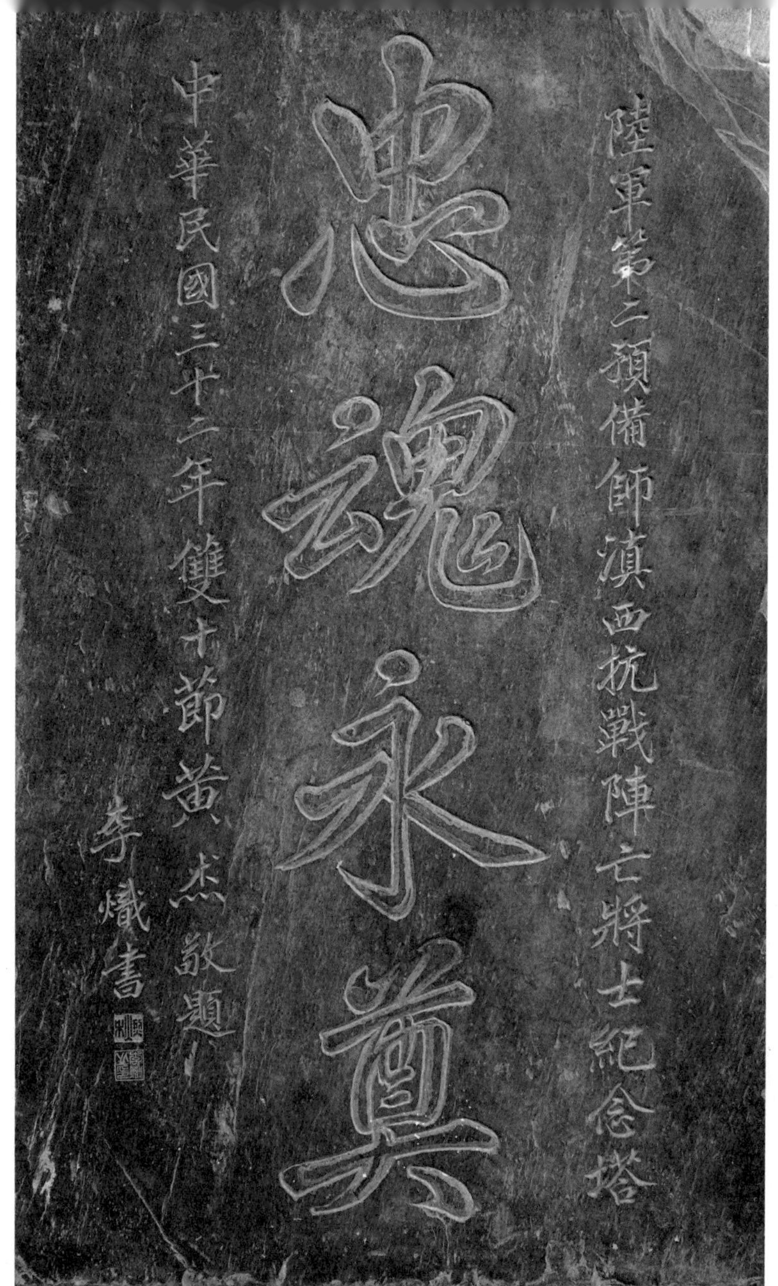

永平抗战纪念塔碑

是中国抗日战争的重要组成部分，也是世界反法西斯战争的重要组成部分。它揭开了中国战场对日反攻的序幕，使滇西地区成为全国最早收复失地的地区之一。

在滇西抗战中，永平县因特殊的地理位置，成了滇西抗战重要防线和反攻基地，有力地支持了滇西大反攻。永平地处云南滇西要冲。“一旦有事，则进足以控制保山，补给前线；退足以屏障大理，巩固后方。即就县境言之，群山环拱，涧绝峰高，据险设立，万夫兴叹。昔人称之为永昌咽喉、大

理犄角，洵非虚语也……”（民国《永平县志稿》）民国三十一年至三十五年（1942–1946 年），除临时驻扎和过境的军队外，驻防较长的部队有：远征军长官部所属第十一集团军二十八师，师部驻曲硐，刘伯龙任师长，下辖 3 个团，分驻博南镇（花桥）、杉阳镇、龙街镇。第十一集团军第二预备师，民国三十二年（1943 年）夏，自前线移驻永平整训，师部驻老街，顾葆裕任师长，次年重返前线，参与收复滇西。第二十集团军一九八师，自前线移驻永平整训，分驻老街、龙门一带，起讫时间不详。驻永平的后勤机关有：七九兵站医院，地址在今县粮食局；运输团骡马大队，地址在原县招待所；第十一集团军兵站分监部，远征军兵站总监部，地址在寿佛寺；中监仓库，地址在城东车站。直至滇西抗战胜利，永平境内的驻军及各种后勤机关才陆续撤走。

回望抗战历史，在民族大义面前，无数没有留下名字的中国人，爆发出来的坚韧、勇猛与无私，为滇西抗战这段历史铺上了壮烈的底色。

为国捐躯，魂兮归来！正是源于滇西抗战这段不可磨灭的历史，国民党中央第二预备师在永平县修建了“滇西抗战阵亡将士纪念塔”，悼念英灵，以奠忠魂。

可惜，“滇西抗战阵亡将士纪念塔”在动荡的岁月中被损毁，最大的欣慰是遗址至今仍在，“忠魂永奠”碑也得到了当地政府的妥善保管。

2015 年，伟大的中国人民抗日战争胜利 70 周年。肃立在“忠魂永奠”碑前，捍卫民族尊严的忠魂在空气里弥漫。回望历史，面对未来，一种激越而凝重的血液仍在我们心中流淌。或许，在这里，有我们民族最深处的根、我们民族最倔强的魂。

时光流转，岁月更替。英勇的呐喊已经沉寂，壮烈的牺牲也已远去，而“滇西抗战阵亡将士纪念塔”不只是形体上，更是在永平人民、云南人民，甚或全国人民心灵中留下了一座不朽的丰碑。

古老的祈愿

敬山买水供家堂，挡路、动土和谢土，这些习俗，已沿袭上千年了。这些习俗其实是人们对大自然的一种敬畏、对生命的一种尊重，表达的是人们追求幸福平安的美好愿望。从古至今，永平人民将尊重天地自然、祈求平安吉祥的美好愿望世代相传。

我的家乡永平，至今还存留着一些古老习俗。这些习俗，已沿袭上千年了。年幼时，我常被父母拧着脖子、按下脑袋，强迫参与敬山、买水、谢土等祭祀活动，心中总认为这些活动是陈规陋习。随着年龄的增长、思维的成长，我逐渐明白，这些习俗其实是人们对大自然的一种敬畏，对生命的一种尊重，表达的是人们追求幸福平安的美好愿望。就这些习俗中蕴含的理念来讲，与现代社会所倡导的保护环境、遵从自然等理念是一脉相承的。

敬山是永平民间进行得最多的祭祀活动。每当过年、火把节、出远门、工程开工等都要敬山。尤其过年和火把节这两天，是一定要敬山的，其他时间的敬山则根据需要而确定。

大年三十敬山，敬山者到村落附近的山神庙或山神树旁，

将山神庙或山神树周围清理干净。敬山时，先作揖，敬上五炷点燃的香；接着敬上净茶、净酒各一杯，斋饭、净水各一碗，三牲一套等；然后，敬山者叩首、祷告，焚烧蘸有鸡血的黄钱纸。最后，将供奉的物品、香纸火灰烬、酒、茶各取少许，放入净水碗中，洒在地上，让没有敬献到的诸神共享，当地称之为“泼浆水饭”。火把节及其他时间，敬山的方式、内容基本相同。

“买水”习俗，是对“水神”的祭祀，对水表达敬畏。一般大年初一由成年男性来做。人们赶早来到水井旁，点燃三炷香，摆上茶、酒，烧黄钱，叩首、祈祷，祈求“水神”护佑。

敬山买水，是对自然的敬畏，是对平安的祈祷，是对生命的珍重。

大年过后的初一到十五，是供奉家堂的“法定”时间，如果家中有新离世者，供奉时间为一周、三个月、一整年不等。

无论房屋好坏，家堂都必须安在正中那间“正堂”。正堂安家堂的门称为家堂门，左边为门神，右边为护卫，供奉时必须插上香火。安家堂，需选择黄道吉日，不冲犯家人。安家堂时，祖宗牌位置于正堂正墙壁中间或中偏上位置。祖宗牌位下方摆放香炉，供品的桌子称为家堂桌。

面对祖宗牌位，“天地君（国）亲师”居中，其左右分别为祖宗、灶神。供奉家堂时，牌位前的三个香炉上共插五炷香。其中，中间大香炉上插三炷香，两边共两个小香炉各插一炷香。大香炉上的三炷香，上香给“三曹”。“三曹”指的是天曹、人曹、地曹，天曹即天上的河汉星斗、气天诸仙，人曹即人间的芸芸众生，地曹即阴曹地府的一切幽冥鬼魂。两个小香炉，各一炷香，分别上香给祖宗、灶神。牌位前敬香火，香火前摆酒茶、供奉品，净水一碗摆在酒茶、供奉品旁边。叩首，祷告，焚烧纸钱、金壳、银壳。之后，将供奉的物品、香纸火灰烬、酒、茶，各取少许放入净水碗中，又端起净水碗，将碗中的所有东西倒在路旁。对于家堂，每天需供奉两次，供奉的时间可长可短。供奉完毕，才能就餐。

过大年及平时初一到十五的供奉家堂，是尊敬天地、崇尚自然、爱国爱师、缅怀祖宗的表现，在一定程度上提升了人们的道德修养、凝聚了人间亲情。

相对而言，“动土”“谢土”就没有固定的时限了。土地是人类赖以生存的基础。一块土地，只要是不让它再长花草五谷，不论是盖房子，或是修道路，都是对土地的破坏，这破坏就被人们视为“破土”。

动土破坏了五行的平衡，破坏了小环境的五行循环，打破了这一区域的和谐。世间万物都要和谐，所以要借助谢土这一仪式向各方致歉，并表示感谢。

动土施工，不仅对看得见的植被、动物有破坏、惊扰，

更对许多幼小的生灵形成灭顶之灾。这些遭受无妄之灾的生灵都需要超度。

因此破土无疑就是罪过，因而，动工前必须举行动土（破土）仪式。动土仪式的规模视动土的大小而定，若只是简单地在院子里进行小的工程，可以先请教风水先生，然后自己做一些简单的祭祀，希望得到土地神的谅解和庇佑。若要大兴土木，更大规模地动土，诸如建房筑城、修路、开矿、兴建工厂等，那就必须请专业人士选择吉日，举行专业的动土仪式，用隆重的礼仪恭请土地神许可、诸神庇护。这种动土仪式，其实是替无言的土地设置了一道无形的护栏。供给人们衣食的土地不可随便毁坏。土地就是长百草、长五谷的，盖房、修路、开矿等等，都是对土地意志的违背，是对土地的杀戮。

谢土，顾名思义，就是感谢土地神，是房屋盖成后酬谢土地神的一种祭祀形式。谢土活动一般由风水师主持。风水师事先选好良辰吉日，并让主人事先做好相关准备，风水师则画符祷告，设坛诵经，烧香化裱，等等。

永平人非常重视谢土，每年，不论谁家是否起房盖屋、修墙补灶，都要举行谢土仪式，以祈求土地老爷保佑主人家来年风调雨顺、六畜兴旺、家宅康宁。谢土仪式也是很讲究的，先要摆放好动工时做好的升斗牌位，然后用五种刚采回的树枝在地上凿眼，插上树枝钉成扇形状，五种树枝代表东西南北中五方，中间是三杈松枝，象征主神，其他四方用四种树枝合在一起插在地上，其中青松枝象征长久，沙松枝最坚硬不易腐，象征不朽，白洋条是制邪之树，象征驱邪，交子树是气之神，象征把地气与人气接在一起，栎树为阴之碗，取义阴阳交合。定好五方，就开始请主神，因为建房为阳，首先要奉请牌位上写好的主神“本山土府至尊九礼真皇大帝”，再请代表阴的“土府至尊九礼真皇大帝紫英夫人文武宫香土家眷属百灵有感尊神”，然后请东西南北中五方的神，最后请家神。请完诸神，敬茶酒、敬香，跪拜、烧纸火，表示向土神花买地

之钱。礼毕，风水先生便一边敲金属犁头，一边开始诵经："九宫八卦赴堂场，青龙白崖镇五方，勾陈腾蛇驱法会，朱雀玄武降吉祥，土府九垒亲驾临，禁忌妖魔远他方，从今安镇土神后，合家人眷保平安……"

诵经结束又领生杀鸡，仍用卦蘸血占出土神返工方向。到"回熟"时，须重新请各路神灵领受，敬献茶酒斋饭，用豆汤奠洒五方。洒完豆汤，就得奉请各方神灵起驾回宫，逐一取出地上的树枝，并在取树枝后的坑里放进用红纸包了茶、米、盐的包，用犁头钉五方四周，正三圈、反三圈做耕地状，一边口诵收经，象征大地一切复位，圆圆满满。有的人家在谢土中，还要请先生"解结"，以解去所有的烦恼，换取吉祥平安。

敬山买水供家堂，挡路、动土和谢土，从古至今，永平人民将尊重天地自然、祈求平安吉祥的美好愿望世代相传。

IX

第五章

永平味：味随道远，长留人间

古道传播着各种文化，也促生了古道上的饮食文化。它生于古道，服务于古道，流传于古道，因味美而道远流长，愈显方兴未艾。

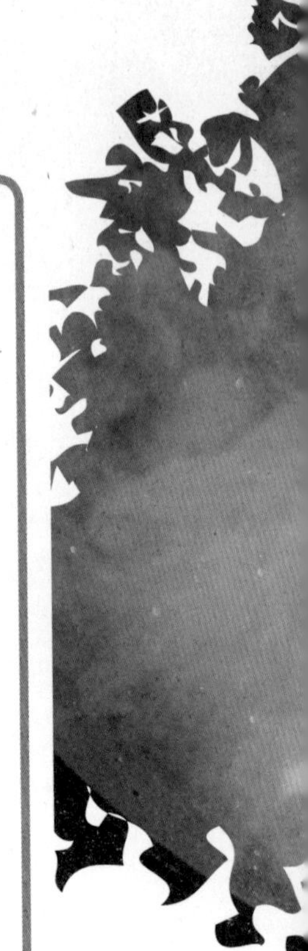

永平黄焖鸡

炒制中，它是一缕人间烟火，勾人食欲；上桌后，它是一件艺术珍品，琳琅满目；品尝时，它是一道珍馐佳肴，大快朵颐。复杂细致的炒制工序，每道都已经附着各自的生活和人生的体验；美妙的色、香、味，足以吸引食客的眼球，刺激食客的嗅觉神经和味蕾。

前面不远，就是“九转十八弯”“梯云路”，马帮已经十分疲惫，路途又十分艰险，马锅头决定在杉阳店家“打牙祭”，吃一顿鸡肉。但是时间紧，要吃鸡，等不及煮吃，又不可能烧吃，怎么吃？店家能干的女主人说：“赶马大哥，你不要管我怎么做，保证你们一袋烟的工夫就能吃上鸡肉。”马锅头不信，还跟店家女主人打赌：假如一袋烟的工夫能够吃上鸡肉，则付双倍饭钱；假如耽搁的时间多，这一顿饭就不付钱了，算是白吃。说话的时候，女主人已经让人捉到了鸡。只见女主人，宰鸡、褪毛、砍剁、翻炒，刀铲翻飞，动作娴熟。就在马锅头一锅烟最后一口吞进、吐出的时候，一盆黄澄澄的鸡肉端上了桌。马锅头一尝，赞不绝口。这就是发源于杉阳的永平黄焖鸡。

这样的美味，简直就是马帮艰苦征程中的最佳犒赏！

一个重要的地方，一项重要的活动，一场重要的变革，必然催

生出与之相适应的产物。博南古道开通后，永平成为历朝历代的交通要塞，成为南来北往的繁荣驿站。为了适应快马加鞭的来往官员，适应风餐露宿的各地马帮，一千多年前，永平人民创出了一道既能让赶路的官员驿使和商贾马帮吃得称心如意，又能做到烧制起来快捷省时的地方名菜——黄焖鸡。当年，永平黄焖鸡主要的消费群体是穿镇而过的马帮，而马帮最大的特点是歇不下来，永远都处在赶路的状态。永平黄焖鸡加工时间短、上桌快、便于携带、可以冷吃等特点，打破了鸡肉煮着吃的传统吃法，得到了过往马帮的青睐。

永平，不经意间成为黄焖鸡的发源地。应运而生的永平黄焖鸡，不经意间就承载了永平饮食文化的千年传承。它色

永平黄焖鸡

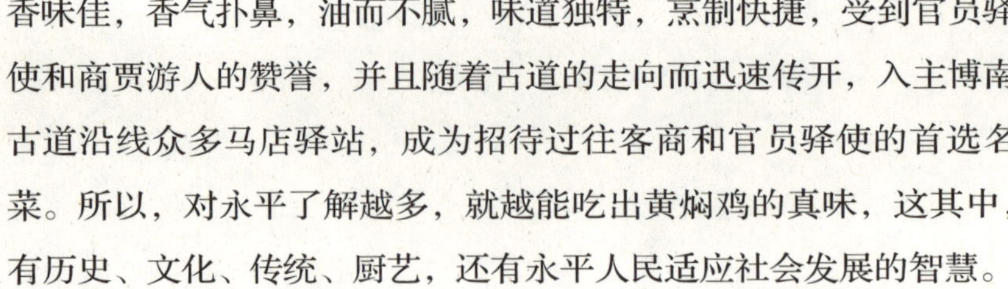

香味佳，香气扑鼻，油而不腻，味道独特，烹制快捷，受到官员驿使和商贾游人的赞誉，并且随着古道的走向而迅速传开，入主博南古道沿线众多马店驿站，成为招待过往客商和官员驿使的首选名菜。所以，对永平了解越多，就越能吃出黄焖鸡的真味，这其中，有历史、文化、传统、厨艺，还有永平人民适应社会发展的智慧。

事实上，只有保持传统做法的黄焖鸡，才是真正意义上的永平黄焖鸡。根据一些店家和厨师介绍，做黄焖鸡要把好三关：第一关是选料。要选用传统方法喂养的土鸡，并且要老嫩适中，才能做到炒制速度快，香味不流失。第二关是宰杀。只有宰杀、褪毛、砍剁等技术娴熟，才能保证速度，也才能确保黄焖鸡现宰现炒的规则。第三关是烹炒。辣椒、花椒、大蒜、酱油等作料的质量要保证，一般用永平本地原产。火候的拿捏就更需要精细了，炒出来的黄焖鸡要色香味俱佳、油而不腻、鲜嫩独特，方为上品。在永平，有的师傅还保持着传统的手艺，从宰鸡到把鸡炒熟上桌，只需要 15 分钟的时间。问其炒制黄焖鸡的诀窍和方法，他们会毫不保留，与你娓娓道来，他们也因掌握这一项厨艺而骄傲。

如此看来，黄焖鸡已经不再是一种单一的菜品，它已经算得上是一种真正意义上的美食。可以说，炒制中，它是一缕人间烟火，勾人食欲；上桌后，它是一件艺术珍品，琳琅满目；品尝时，它是一道珍馐佳肴，大快朵颐。复杂细致的炒制工序，每道都已经附着各自的生活和人生的体验；美妙的色、香、味，足以吸引食客的眼球，刺激食客的嗅觉神经和味蕾。也许这就是它能够被发扬光大，承载永平的饮食文化，成为一种上等菜品的原因。

多年来，永平黄焖鸡沿着 320 国道和昆瑞高速公路，向西部边陲和东部内地“延伸”。320 国道两旁数以万计的大宾馆和小食店，都以永平黄焖鸡作为最好的招牌菜招徕客人，形成了“万店共享一名菜”的独特景观。在博南古道上“出生”的永平黄焖鸡，已经“长大”，轻松撷取了“滇西一只鸡”“滇西名菜头牌”“鸡中第一味”的桂冠。

永平老店

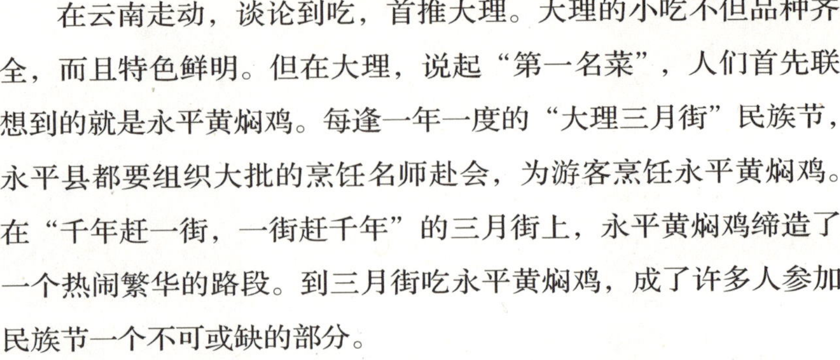

在云南走动，谈论到吃，首推大理。大理的小吃不但品种齐全，而且特色鲜明。但在大理，说起“第一名菜”，人们首先联想到的就是永平黄焖鸡。每逢一年一度的“大理三月街”民族节，永平县都要组织大批的烹饪名师赴会，为游客烹饪永平黄焖鸡。在“千年赶一街，一街赶千年”的三月街上，永平黄焖鸡缔造了一个热闹繁华的路段。到三月街吃永平黄焖鸡，成了许多人参加民族节一个不可或缺的部分。

马帮已经被许多人淡忘，许多历史上的人和事，也逐步从现代生活中淡出。但是，被发扬光大的马帮菜肴永平黄焖鸡，却在永平留了下来。

曲硐腊鹅

腊鹅是曲硐清真美食的头牌菜，也是曲硐回族群众健康、卫生、理性生活习俗的集中体现。品味腊鹅，也即体验曲硐，要了解曲硐，也就从品味腊鹅开始吧！

永平曲硐村是西南丝绸之路“博南古道”上一个比较大的古驿站，是大理州回族人口最密集的回族聚居村。整个村坐落于博南山的东山麓，也许这里的回族群众一开始来到这里居住是因为战争，也许是这里的特殊地理位置的原因，这里除了有驿站的一切风格之外，人们的生产生活中的一切细节都透露出严谨理性、以人为本的习惯和风俗。尤其是这里的饮食文化特点更加体现了这一点。而曲硐的回族饮食最值得咀嚼和品味的莫过于腊鹅了。

曲硐回族群众喜食鹅肉，也善吃鹅肉，所以形成了以“腊鹅”为代表的曲硐回族饮食体系，是极富文化内涵和地域特色的美食。

每年的秋冬两季，在曲硐村家家户户的房前屋后、田间地头、农家小院里到处都是鹅的叫声。到秋后冬来临，回族

群众便把这些放养了6至10个月的鹅改为笼养。当地群众习惯把鹅的笼养阶段叫作“塞鹅”。所谓“塞鹅”就是育壮阶段。在塞鹅过程中，一般选用玉米面，做成小面团，放到锅里蒸熟。这种蒸熟的面团，人都可以食用，因为以粮食做原料，并且在蒸制过程中讲究卫生。塞鹅时，用手掰开鹅嘴，把蒸熟的小面团逐个塞进去。每天塞三次，如此塞喂25至30天的鹅，膘壮肉厚，便可宰生了。

回族宰鹅，有三个环节是不能少的：一是阿訇念经。二是放血。回族不食血，必须让鹅身上的血流尽。就是宰生其他的羊、牛、鸡也都是如此。回族群众认为许多病菌都携带在血液中，许多传染病都来自于血液，所以不食血可以预防一些传染病。三是开膛缝合。回族群众在褪家禽的毛时是很有讲究的，在褪鹅毛时就体现了这一点。他们先把已经宰生、放尽了血的鹅开膛，清理出所有的内脏后缝合开膛的口子，然后才用开水浸烫后，褪去鹅毛。据说这

样可以保证鹅肉味道的纯正，五脏杂味不会浸染和干扰到鹅肉当中。

褪毛之后的鹅就可以腌制了。腌制腊鹅不仅工序简单，而且配料单一。把整只鹅剖开后，全身涂抹上少许盐巴就可以压制了。因为回族忌酒，所以腌制食品，包括腊鹅、干巴、泡菜、卤腐等都不放酒。不用酒腌制食品，可以保证腌制食品不被酒发酵。腊鹅腌制 3 天后，经过适当的晾晒，整个腊鹅加工就完成了。

腊鹅的吃法有煮、蒸、炒、炸多种。但如果不掌握一定的技术，就做不出好吃的腊鹅菜品。首先，在煮、蒸、炒、炸前，第一道工序卸切，就是一项极其细致的活。不能像卸切其他的肉食一样，直接用刀具使力砍剁。要把刀具支在腊鹅上面，用木槌敲击刀背。如此卸切出来的腊鹅肉才能膘肉兼具。否则还没有煮、蒸、炒前，壮膘和瘦肉就分开了。其中最常见、最讲究的是煮食鹅肉。卸切出来的鹅肉，煮时一定得用文火慢煮，不能让水翻滚涨通。这样煮出来的腊鹅肉才能保证膘瘦兼具，吃起来香味浓纯、肥而不腻。鹅油保温性能极好，表面上看着没有涨通，其实下面的温度已经很高了。

1 2 永平腊鹅

为什么会有这些讲究呢？因为鹅肉中，我们所看到的壮膘部分，是少部分的脂肪。这种脂肪有两个特点：一是它的质地柔软，用力砍剁，很容易破碎，不成块状；二是它的熔点很低，如果表面的水翻滚涨通，那鹅

膘肉和瘦肉就会分离，鹅膘（鹅脂肪）就完全溶化在汤中。而造成这两个特点的本质原因是：鹅膘里多含不饱和脂肪酸，这种不饱和脂肪酸容易被人体吸收，并且十分有益健康。

所以鹅肉本身就是所有动物油和肉食当中，营养价值配比最好的食品之一。它是理想的高蛋白、低脂肪、低胆固醇健康食品。鹅肉含有人体生长发育阶段所必需的各种氨基酸，其组成接近人体所需要的氨基酸比例。鹅肉的诸多特性，使它成了中医食疗中的上品。药用方面有暖胃补气、解热补阴、止咳开津等功效。所以有着“喝鹅汤，吃鹅肉，一年四季不咳嗽”的说法。

曲硐待客菜中的一道叫菜茶的汤，也是必须用鹅肉熬煮出来的。这道既是菜，也是茶的汤菜其实是用鹅肉长时间熬煮出来的，有时也和牛骨头一起熬煮。菜茶看起来真的就是一碗清汤，只是在上面加一点点碎葱而已。但喝起来清香可口，确实让胃感到特别舒服。这道看似简单的菜茶，在回族筵席中却是不能缺少的，吃完筵席，不喝一碗菜茶，似乎就没有结束。

曲硐回族群众选用鹅肉作为生活中的主要食材，本身就是一种十分理性的选择。再加上他们从喂养、宰生、制作再到吃法上，又都融汇回族一些卫生健康、以人为本的优良民族习俗，使得小小的腊鹅成为一种极富智慧的食物。

永平白鹅养殖

杉阳腊醃菜

人生只有尝过辛酸，才能品味甜蜜的味道。

酸菜在中国有着悠久的历史，《诗经》中有“中田有庐，疆场有瓜，是剥是菹，献之皇祖”的描述，据东汉许慎《说文解字》解：“菹菜者，酸菜也。”即类似今天的酸菜。

杉阳腊醃菜，即属酸菜系列。它的醃制加工时间一般在每年腊月，所以称之为腊醃菜。

杉阳民间加工腊腌菜的历史悠久，工艺水平高，加工的腊腌菜色泽嫩黄，酸辣味适中，具有一股诱人的酸香味。它的加工腌制虽然简单，但工序还是不少。将杉阳腊醃菜制作推进到规模化生产加工的永平县天然食品公司，把杉阳民间醃制腊腌菜的工序，整理成一套加工操作的规范程序，从捡菜、去根至封罐、包装，竟有15道之多。在这些工序中最重要的是辅料的配制、揉搓及封装贮存。腌制腊腌菜用的辅料有茎菜根、白糖、食盐、辣椒粉、茴香粉、花椒粉、白酒、

杉阳腊腌菜

糯米稀饭。制作时将切好的青菜与辅料搅拌均匀后，进行揉搓，揉搓两遍以上。装罐时经一层一层压紧，最后用薄膜包紧罐口密封。封装的罐须放置在通风阴凉的库房，保持10度以下常温，切忌阳光照射，三个月左右即可食用。

杉阳腊腌菜用优质青菜为原料，这种青菜须种植在旱田或者水浇地中。因为水分多的地产的青菜，菜筋多；干地产的青菜又老又苦，这两种地产的青菜都不适合，加工的腊腌菜吃起来口感极差。而且这种青菜不能使用化肥，使用化肥的青菜在腌制过程中容易腐烂。只有优质地块种植出的优质青菜才能腌制出优质的腊腌菜。

随着科学技术的发展，永平县天然食品公司制作的杉阳腊醃菜的工艺也发生了质的变化，每道加工工序中都有控制要求，而且采用纯植物酵素，控温发酵，能抑制杂菌生长，所以有效控制了由杂菌合成的“亚硝胺”的产生。

杉阳腊腌菜酸香味醇，这种酸香是植物酵素自然发酵使蔬菜中的植物糖分解，大部分由植物糖转化成酸性物质（有机酸），酸菜发酵过程中产生的有机酸、醇、氨基酸等形成了酸菜独特的鲜酸风味。酸菜还最大限度地保留了原有蔬菜的营养成分，富含维生素C、氨基酸、有机酸、膳食纤维等营养物质。

杉阳腊腌菜口感脆、色泽鲜、香味醇，开胃提神，醒酒去腻，老少皆宜，是杉阳人居家过日子的常备小菜，调味菜，又是历史上来往于博南古道上客商、马帮、官家最喜携带的调味品、开胃菜。

饮食文化是极具地方性的一种文化，但又是传播极快的一种文化，特别是在信息、交通飞速发展的今天，杉阳腊腌菜近几年已是名扬省内外，仅永平天然食品公司生产的杉阳腊腌菜就销售遍及云南省各地州，年销量达600吨，年销售额达500万元。

杉阳腊腌菜已从千家万户自制自食走向了规模化生产，从千家万户的小餐桌走向了社会消费的大市场。

酸甜苦辣是厨中之味，缺一不可，诸味调和，方能为佳肴。人生路上，未历辛酸，怎能品味甜蜜的幸福？

“桃核”酿醋香四溢

桃醋虽非杉阳所独有，只是离开了杉阳这一独特的水土气候，就不是那个味了。

到杉阳的朋友，特别是那些刚下车还在晕车的人，都喜欢坐在街上大桥头的小吃摊上吃油粉。他们尤其喜欢杉阳桃醋清爽的芬芳。其实，杉阳的几道受欢迎的传统菜，也都和醋有关。像凉菜萝卜丝、火烧肉、三线肉、油粉、卷粉、凉米线、凉鸡，上桌时都要淋上一大碗醋辣子汁，里面主要就是桃醋，这些菜开胃提神、爽口解腻，吃后口齿留香，经久难忘。

杉阳的桃醋，和其他地方的腐醋、米醋、梨醋、苹果醋，还不太一样。首先是色泽，它倒出来像清水一样闪亮，看着就很干净。其次是味道，开胃适口，而不是酸得让人闭眼、呛鼻，喝它的时候，总觉得酸味还不够，盐也还淡，所以那些吃完油粉的，还要意犹未尽地喝一碗醋，而那些从山里来赶集的，经常自带冷饭，把醋辣子汁拌进去，就是一顿爽口的中午饭。

桃醋虽非杉阳独有，只是离开了杉阳这一独特的水土气候，

杉阳传统小吃凉菜

就不是那个味了。酿制桃醋，要选用能跟桃肉完全剥离的利核桃，最好是红心桃或者水蜜桃的核。洗净，放在筲箕上，蒙一块纱布以防灰尘。晒干，用白酒先搓揉、搅拌一遍，然后置入玻璃罐，或者土罐，一般是 10 斤凉开水配 2 两白酒的比例，掺进去，盖上一层细纱布，再把罐口用橡筋勒紧，不需要密封。水一定要干净，最好是无污染的矿泉水、井水，不能沾油盐，否则会坏掉。

一个礼拜后就可以打开了，但第一道醋还不能吃。它有一股桃仁的苦味，要完全滤掉，重新加上 10 斤净水和 2 两白酒，盖上盖。又过一个礼拜，就可以吃了。时间一长，从玻璃罐中可以看到，醋液上会浮着一层类似奶皮的半透明醋衣，据说这是发酵了的菌床，是酒、水、桃核共同作用产生的菌苗。

在杉阳，桃醋还留下了很多传奇。老人们常说，一坛桃醋可以品出这家人的德行。酿出了好醋，邻里乡亲只会争着来要，也是向你示好。一坛好醋，据说可以流传几百年。在杉阳下西边周家，还保留着一坛老醋，已经吃到第六代人了，问到秘诀，说是一直使用新鲜活水。在湾子，据当地名士杨自培的后人回忆，杨自培在云龙任盐务官时，曾带回来很大一坛特别的醋，是土司遗留下的。据说是用当地栽的一种"醋桃"酿成的，顾名思义，这种桃子只限于酿醋，摘下来并不好吃。它的桃核放在罐子里，时间长了会粘连成块状，很像一大团核桃饴糖，又像一大盘脑子，将坛子撑得严严实实。它们坚硬无比，每次只能用勺子用力压，才能勉强舀出一小点。但就是这一小点，要比奥德修斯让独眼巨人倒下的蜜酒更干浓。它需要掺上很多水。由于酸性太强，据说可用于蚀刻玻璃的花纹装饰。这个坛子直径大约有两米，可惜已经被毁掉了。

至于我家的桃醋，在杉阳街也是口碑不错的，邻里街坊都喜欢来要，有些人更直接，硬要再挑上一块醋衣，好拿去做种。我家

的醋，都是奶奶亲手酿制，她没什么秘方，只是喜欢何家田的龙井水，小时候一直是我帮她挑水，后来用自来水了，她还专门请人用牲口驮来。记得桃醋还有一点凉血、退火的药效。有一次我牙痛得要命，我奶奶用桃醋给我煮了一个鸡蛋吃，我都不知道我的牙齿是什么时候不痛了的。奶奶常说，她有两件治病的宝贝：蜂蜜和桃醋，其实也是在向我传授她的养生经。如今，奶奶都去世八年了，她酿制的醋，依然清香四溢，醋罐上那根橡皮筋，是她从自己的钥匙孔里解下来的，还依然保持着她封扎时的原样，使我们都感觉不到时光的流逝。逢年过节，一家人必定要打开这罐醋，回味上辈人留下的甘香，感受醋汁里的亲情，特别是在远处工作的家人，饭后，还要给他们每人倒上一瓶带走。

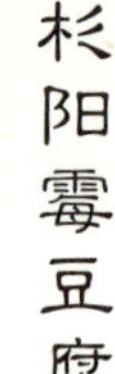

杉阳霉豆腐

"豆腐是长寿菜"，何况是包浆的霉豆腐。

杉阳霉豆腐就是国人所称的臭豆腐，杉阳人忌讳"臭"字，称为霉豆腐，它独具特色，有着独特的吃味与外观。

一块刚出发酵箱的霉豆腐，乳白色的菌毛又密又长，毛茸茸的，像一件工艺品。用菜油煎黄，外皮酥酥的，揭开皮，里面是一包浆，吃起来皮酥里嫩。这种霉豆腐叫包浆霉豆腐，是霉豆腐中的上品。这种霉豆腐的发明人是户蔡姓人家。蔡家是霉豆腐世家，他家世代经营，凭一手绝技，远近闻名。他家的霉豆腐不用拿到街市上去卖，买者都是慕名而来，而且常常供不应求。

传说蔡家祖上，有一年的霉豆腐出了问题，按照一贯的工序加工的霉豆腐不长菌毛，不长菌毛就是发酵不行，吃味也不好。反复查找了几次都找不到原因，尤其是对加工中最重要的环节"点豆腐"（卤水点豆腐），做了精准的核对，都未找出原因来。后来才想到了加工用的水——因老宅旁的龙井水不够用，就用了其他水井

的水。试着停用其他水井的水，霉豆腐才恢复了原样。蔡家才赶忙淘洗了龙井，清除了井中的淤泥和杂物，备了三牲，请来道士，到井边做了法事，敬了龙王老爷。说来也灵验，也许是某种巧合，龙井水便像往年一样，取之不尽，用之不竭，从此蔡家霉豆腐再也未出现质量问题了。蔡家也经这件事，心知肚明，自家的霉豆腐之所以能独树一帜，除了“点豆腐”中的奥妙，还得力于这口井水。此后，蔡家每年都要祭井。

随着社会的发展，蔡家霉豆腐的独门绝技已散布开来。如今蔡氏霉豆腐已演变成了享誉四方的杉阳霉豆腐。

杉阳霉豆腐以优质黄豆为原料，经筛选、脱壳、浸泡、

杉阳霉豆腐

显然这是个做豆腐的农家小院

磨浆、过滤、煮浆、点浆、压型、划块、发酵等程序才能制成。

霉豆腐食用的方法也有数种，可以将霉豆腐捣碎拌辣椒、麻油、香料等生食。煎熟吃。煮吃，将霉豆腐煮与蔬菜吃。炖吃，将食油、香料、食盐撒到霉豆腐上，炖熟后搅拌成糊状，这道菜，有人说像西方人的奶酪。

霉豆腐的原料是黄豆，它的蛋白质含量高达15%—20%，与肉类相当，同时含有丰富的钙质。经发酵后，蛋白质分解为各种氨基酸，又产生了酵母等物质，这类物质就是植物性乳酸菌，跟酸奶中的一样，这种植物性乳酸菌在肠道中的存活率比动物性的乳酸菌高，所以有增进食欲、促进消化的功能。

霉豆腐的药用价值，还在于它是经过发酵的。营养成分发生了变化，合成了大量的维生素B12，人体缺乏维生素B12时，会加快大脑老化过程，从而诱发老年痴呆。所以食用霉豆腐对防止老年痴呆症有一定疗效。

霉豆腐是云南民间十分盛行的一种名特小吃，而杉阳霉豆腐以其独特的吃味，深受各方来客的喜爱，有位客人曾赞曰：“乳色绒毛密又长，外酥里嫩一包浆，君欲知此为何物，请到杉阳亲口尝。”

永平木瓜鸡

一个是生长于永平海拔两千多米的高山上被誉为神品的白木瓜，一个是生长于永平乡间的本地土鸡，两者结合，演绎出永平美食的传奇。

木瓜鸡是一道有永平地方特色的美味菜肴，享誉度与永平黄焖鸡齐名，它不但味美可口，还有健脾养胃、舒筋通络、祛风除湿等作用。

制作永平木瓜鸡的主要原材料有两种：一是永平的白木瓜，再就是当地的童子土鸡。

白木瓜盛产于云南西部的大部山区。在海拔 1400 米结出的果实个头小、味特酸，不等它成熟，甚至花刚谢就被人采下，用辣椒面和盐巴蘸着吃，味道酸辣脆香，被当作“零食”。生长在海拔 1400—1700 米的木瓜，成熟的果子如火把梨一般大小，椭圆形，果皮翠绿，向阳的一面有红晕。味奇酸，当地人用它制作食用醋。当它处在 1800—2200 米之间时，尤其是霜降季节后熟透了的木瓜才称得上是真正的白木瓜，它不但个头大，果皮呈金黄色，而且由于果内含有糖汁的原

因，果表面渗出白霜似的黏汁，散发出特有的酸香。它含有糖甙、胡萝卜素、蛋白酶、维生素C等多种营养成分，既是上好的调味佳品，又是木瓜蜜饯、木瓜汁、木瓜酒等名优产品的主要原料，也具有广泛的保健和药用价值，具有舒筋活血、通络化瘀、祛风除湿、开胃健脾等功效。平常人家喜欢将它与佛手一道放在堂屋中央，那馥郁的香气能使人心静神清，而信奉佛教之人，则虔诚地将它视为神品，供奉于佛前。

永平木瓜鸡的第二种主要原料就是当地的童子土鸡。童子鸡就是刚要下蛋的母鸡和刚要开叫的公鸡，太小了嫩而不香，太老了香而不嫩，只有童子鸡才又香又嫩。土鸡就是当地土生土长的柴草鸡，而不是饲料鸡，如果选用土鸡中的乌骨鸡，则更是上品，因为乌骨鸡不仅奇香味美，还具有药用价值，含有17种人体所需的氨基酸以及多种维生素和微量元素。

永平木瓜鸡的做法也有讲究，它所用的葱、姜、蒜、草果、小粉等作料用法与永平黄闷鸡做法差别不大，只是在放白木瓜时要讲究火候：须在鸡肉刚进入熟的临界点上即时放入白木瓜，否则，早了肉生而硬，迟了肉太熟而烂。在适合的火候放入白木瓜，鸡汤渐渐呈现乳白色，几分钟后，一锅香喷喷的木瓜鸡便做好了。放在客人的桌上，那种鲜美的气味即刻穿透客人的五脏六腑，让人满口生津，食欲被瞬间放大，欲罢不能。

品尝木瓜鸡前，主人总要建议客人先喝一点汤。汤中既有鸡肉的鲜味，又有白木瓜特有的酸香带甜，一口汤喝下去，一个真真切切的“爽”字会不由让人脱口而出。喝了点汤再吃肉，才能真正享受到肉的鲜美。

在永平吃木瓜鸡，无须加上其他七盘八碟，只需配上永平的泡辣子、泡大蒜即可，永平的泡辣子、泡大蒜照样是一道在其他地方无法品尝到的本地特色菜肴。如果喝酒的话，也无须什么茅台、五粮液，只需当地产的小锅酒即可，这些小锅酒由纯粮酿成，醇度高，酿酒的本地人看得远，图的是个信誉，不肯玩假。这样的搭配

❶ 永平大块鸡

❷ 永平木瓜鸡

生长于海拔 2200 米的永平白木瓜

保证叫人吃得舒服，木瓜鸡的舒筋活血、通络化瘀，泡辣子、泡大蒜的提神醒脑，小锅酒的豪放与畅快，足以让人浑身舒畅，在美味中知足，在知足中找到真我。那些曾一度关闭了的毛细血孔此时得已打开，身体中的七窍此时至少通了六窍，那些曾经因这样不顺那样不通积压在肝上、肺上的郁气会在不经意中散去，仿佛一下子远离了人生的坎坷和曾经的成败……当然，这些功效肯定不全是木瓜鸡所至，如果一顿饭让人吃得舒筋通络，吃得畅快豁达，吃得智清脑醒，那当然是令人意想不到的收获。如果一顿饭能让人吃得醍醐灌顶、吃得大彻大悟，那一定是与个人平常的修为有关。

永平木瓜鸡，只有在永平特有的水土上才能制作得出其原汁原味，如永平的泡辣子、泡大蒜一样，离开永平本土就制作不出来，即使制作出来也不是原有的味道。如果有远方朋友来找我，我一定热情地邀请他来永平吃木瓜鸡。如我一样的吃货们，随时能品尝到永平木瓜鸡一样的美食，是一生的机缘与幸福。假如是远方的客人，只要品尝过一次永平木瓜鸡，那种美美的感觉回忆起来也是一生的温暖。如果一个人因积习所蔽、因时尚所惑而失去方向，希望吃了木瓜鸡，能通过通络与醒脑达到畅快豁达的境界，能在独立的思考中真正找到属于自己的幸福。

汉武帝赞美过的蒟酱

汉武帝是一位有雄才大略的皇帝，他曾派兵沿着“蒟酱之路”消灭了南越、收服了哀牢。正是由于蒟酱美味的一路指引，汉王朝最终打通了博南道。真想不到，区区蒟酱，竟在历史上扮演了如此重要的角色。

汉武帝建元六年（公元前135年）的一天，南越王在番禺的王宫举办盛大宴会，招待汉武帝的使臣唐蒙。宴会上，乐师娴熟地敲击着编钟、编磬，宫女伴着悠扬的乐声翩翩起舞，珠光宝气、人头攒动的宴会厅里一片奢靡豪华的王家气派。古色古香、工艺精美的铜钵、陶罐里盛满虾、水鱼、花鱼、黄鱼、龟足等二十多种有广东特色的美味佳肴。可谓是金樽美酒，玉盘珍馐，琳琅满目。唐蒙在鼓乐声中一边欣赏歌女的优美舞姿，一边品尝美酒佳肴，一种大国使者的自豪感油然而生。席间，唐蒙尝到一种味道非常鲜美的食物，它浓鲜美艳，唇齿留香，诱人食欲。便问南越王：“此乃何方异物，竟味如醯醢？”南越王得意地说：这是从夜郎牂牁江运抵番禺城的蒟酱。后来汉武帝尝到唐蒙带回来的蒟酱后，也赞美说：“此物与肉何异？”

那么，汉武帝赞美过的蒟酱到底是什么食物呢？

据何小泉撰《永昌府志·杂纪志》载："鸡坳，菌属，滇中各地有之。永郡惟永平尤多，以六七月大雷雨后生沙土中，或松下，或林中。鲜者多虫，间有毒。或云其下有蚁穴，出土一日即宜采，过五日即腐。采后过一日，则香味俱减。土人盐而脯之，经年可食。若熬液为油，以代酱豉，其味尤佳，浓鲜美艳，侵溢喉舌，实为滇中佳品。汉使所求蒟酱，当是此物。"

原来，汉武帝赞美过的蒟酱据方志说是用鸡坳熬制的。史料记载，云南多数地方都产鸡坳，但以永平为多，因为永平有得天独厚的地理条件。永平地处云岭山脉分支博南山和云台山之间，地势西北高、东南低，最高海拔 2933 米，最低海拔 1130 米。气候温和，雨量充沛，不只盛产核桃、板栗、木瓜、花椒、香蕉、苹果、橘

❶ 山中"地白酒"

❷ 泥土中长出的茶树菇

子，还盛产鸡枞、香蕈、木耳、松茸、大红菌、青头菌、奶浆菌、牛肝菌、马牙菌等蘑菇。每到夏秋季节，各种蘑菇纷纷出土，让人们大饱口福，其中值得一提的就是鸡枞。

当阴雨连绵的夏秋季节来临时，坡脚、山腰、峰顶、林下、茶地、玉米地、辣椒地，甚至庭院和人来人往的小道旁，都有鸡枞的身影。集市上更是成筐成篮的鸡枞，那淡淡的清香不仅诱人食欲，也引得南来北往的旅人争相购买。精明的生意人常大量收购，销往下关、昆明、保山等地。

鸡枞外形亮丽，赏心悦目，是蘑菇家族中的“天鹅”。有黑、白、灰、黄、白灰、黑灰、白黄、灰褐、淡红等颜色。刚出土的鸡枞是骨朵，模样犹如闭拢的伞，三四个小时后盛开，状如张开的伞，顶部凸起呈斗笠形，边缘波状，菌柄拇指粗，六七寸长。基部膨大具有褐色至黑褐色的细长假根，长达 40 厘米。有的边缘翻起，往上卷，露出雪白的菌褶，犹如白绒帽，乡里人称之为“翻毛鸡枞”。它与青头菌、大红菌、奶浆菌这些“丑小鸭”的不同之处在于，其他菌类身高不过十厘米，而鸡枞的身高一般都在三十厘米左右。它身材高挑，亭亭玉立，独领风骚。菌柄粗壮雪白，菌盖黑色，犹如戴了一顶黑礼帽的黑鸡枞，是潇洒飘逸的 “帅哥”。 菌柄细长，菌盖雪白，犹如戴顶白凉帽的白鸡枞，是清纯美丽的“白雪公主”。菌柄灰白，菌盖灰褐色，边缘或卷或缺、高大粗壮的灰鸡枞是洒脱不羁、粗犷豪放的张飞、李逵。

更有趣的是，像人一样，它们有的喜欢群居，有的喜欢独处。喜欢群居的称为塘塘鸡枞，故乡人将丛生在一起的鸡枞称为“一塘”。一般情况下，火塘那么大的一塘鸡枞有二三十朵。若两米见方大的一塘就有一百多朵，七八斤。它们摩肩接踵、熙熙攘攘、错落有致，那种壮观热闹的场面在蘑菇家族中独一无二，这是鸡枞令人称奇的原因之一。喜欢独处的称为散鸡枞，这是鸡枞家族中的“隐士”。也许是看破红尘吧，它们隐居深山，孤零零地居住在松下的草中。这种鸡枞有小、大之别，小鸡枞与塘塘鸡枞无异，二三十

朵有一斤多。大鸡㙡则像一顶小凉帽，一朵就有一两斤，能让见者怦然动心，乡里人称之为独鸡㙡。因独鸡㙡出类拔萃、引人注目，人们便赋予它特殊的含义。比如谁家的子女考上了大学，幽默风趣的故乡人就会说某某家出了朵“独鸡㙡”。

鸡㙡

让人不可思议的是这种具有独特的生态特征的菌类竟是由亚热带地区

茶树菇

的白蚁"栽培"的，正是滇西独特的自然条件孕育了这一饮誉四海的山珍。相传明熹宗朱由校最喜欢吃云南鸡纵。清代广东人谢文革到滇后写过一首《鸡纵》诗："菌香烟雨外，异味瘴乡闻；雪肋应难弃，桑鹅与并芬。根多蟠蚁穴，名不出鸡群；芽茁殊蔬笋，芊茸覆绿云。"此诗除了盛赞鸡纵独特的香味外，还点出了鸡纵独特的生态特征——"根多蟠蚁穴"。原来，培育鸡纵的是一种黑翅土白蚁，它们在四十多厘米的地下筑起锣锅大的一个洞穴，乡里人称之为"鸡纵窝"。窝里住着数万只白蚁，这些白蚁用排泄物筑起一种海绵状的菌圃。因为适宜真菌生长，便长满了一种小白球菌，它们是蚁后和幼蚁的营养品。小白球菌便是鸡纵的胚胎，它从白蚁的排泄物中吸取营养，生长成熟后钻出地表，便是鸡纵。每个"鸡纵窝"就是一个独立王国，"国王"即"蚁王"，它身材高大，是小白蚁的 10 至 15 倍，色泽灰白，状如土蚕，有脚，能自己行走。如果将鸡纵窝撬破，"蚁王"率领子民搬家，就再也不会长鸡纵了。

正因鸡纵有此独特的生态特征，至今不能人工栽培。

鸡纵营养丰富。每 100 克鸡纵含能量 16 千卡、脂肪 0.2 克、碳水化合物 2.5 克、蛋白质 2.5 克。蛋白质中含有二十多种氨基酸，其中 8 种氨基酸是人体必需的。

鸡纵的吃法多种多样，无论炒、腌、煎、拌、炸、烩、烤、焖，还是清蒸、做汤，都鲜美可口。它还可制成油鸡纵、干鸡纵、鸡纵月饼等，是人见人爱的一种土特产。近几年，由于生活水平的提高及子女外出求学、打工人数的增多，每到鸡纵上市时，无论乡下人还是城里人都要制作几罐油鸡纵，寄给远方的亲人或自己食用。油鸡纵的好处之一是存贮时间长，三五个月不会腐烂，可慢慢享用。油鸡纵的好处之二是开罐就能吃，不须二次加工（每加工一次，各种营养成分就会损失一些）。它最适合与面条、饵丝等汤汤水水的食物一起食用。将两三匙油鸡纵放进热气腾腾的饵丝碗里慢慢搅拌，让鸡纵的香味渗进饵丝里。在鸡纵与饵丝、香味与空气的缠绵中，人们的食欲便被充分调动起来，以至还未开口品尝，就被鸡纵独特的香味诱得馋涎欲滴，待到几口饵丝下肚，就唇齿留香、满口芬芳。

难怪汉武帝赞不绝口。

汉武帝是一位有雄才大略的皇帝，他曾派兵沿着“蒟酱之路”消灭了南越，又派兵来到蒟酱的产地开通博南道，征服哀牢。谁也想不到，小小的蒟酱竟在历史上扮演了如此重要的角色。当汉武帝一边喜滋滋地欣赏着博南道上商贾往来、铃声叮当的热闹景象，一边津津有味地品尝着博南产的蒟酱，我们仿佛听到历史深处那声长长的赞叹声：“此物与肉何异！”

后 记

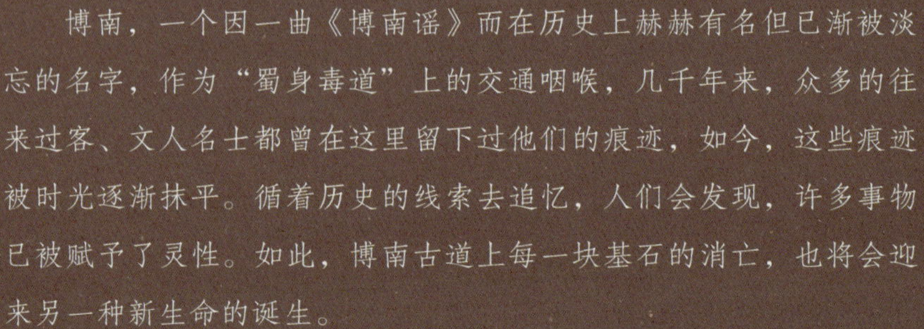

博南，一个因一曲《博南谣》而在历史上赫赫有名但已渐被淡忘的名字，作为“蜀身毒道”上的交通咽喉，几千年来，众多的往来过客、文人名士都曾在这里留下过他们的痕迹，如今，这些痕迹被时光逐渐抹平。循着历史的线索去追忆，人们会发现，许多事物已被赋予了灵性。如此，博南古道上每一块基石的消亡，也将会迎来另一种新生命的诞生。

为纪念大理白族自治州成立60周年，大理州委宣传部和云南出版集团合作，计划在2016年10月，推出《文化大理》系列丛书，作为州庆的献礼。《文化大理·永平》编撰组从一开始就深刻认识到：这不是一般意义上的历史资料教科书，也不是洋洋洒洒的地方风情旅游杂志，更不是本土作家的个人文集，而是期望以历史文化大散文的深邃笔触，在地方文化的沟谷中，努力凿开前行之路，透出一道新的光亮，去探触永平历史文化那幽深的未知地带，把该书的编写，作为外界重新认识永平、重塑永平文化形象、提高文化自信的一次良机。编撰组得到了云南出版集团以及州委宣传部的指导和帮助，在永平县委、县政府的大力支持下，在永平县委宣传部的直接领导下，人员、资金等方面都及时就位，在得到了强有力的各方面保障的前提下，确定了“千古博南，味道永平”的文化定位，并确立了以博南古道为主线，将“山、水、人、城、味”穿缀一线，形成一个呼应首尾的框架布局。

编撰组采取集体集中讨论、互换信息、资源共享，个人与集体改稿相结合，互相交叉穿插进行的形式开展工作。编撰组首先于2015年8月中旬敲定提纲，陆续认领各自撰写的篇目，同时，也开始了集体深入县内及周边涉及的地方采风和考察。每一篇作品完稿，编撰组都召开一次改评稿会议，要求每位编撰组成员每一轮次至少要给撰稿人提出三点修改意见，主要是针对文章的立意、结构和文风方面的问题。开始时，编写进度显得缓慢而迂回，但编撰组成员从中逐渐找到了创作历史文化散文的一些感觉。

在主题结构基本框架确立以后，我们还把有关永平的文化元素以及每一个题材进行打散重组，确保与博南古道既有联系，又独立成篇，既避免重复，又成一个不可分割的整体。在内容篇目上，也进行了大范围的改动与合理取舍，力争做到打造精品、突出重点、合理点缀、首尾呼应的结构设计，以期体现布局上的协调感以及文化高度上的起伏性，即：五大主题里的篇目中，会有一些平淡而又不失雅韵的点缀，但也力求有少而精的重要篇目作为支撑。

在撰稿过程中，也并非所有的编撰组成员都对永平的历史文化有较深的感触，只能采取群策群力的互帮方式，把文章中一些还需表述的内容和历史信息掺进来。编撰组组织了大量的采风活动，沿着过去马帮的脚步，从北斗铺一直到兰津渡，从梯云路到板桥，从320国道到滇缅公路，既带着此次创作的目的，又立足于长远，让大家积累信息、丰富体验。另一方面，我县在博南古道、边屯、谱牒文化研究方面，已经取得了较为丰硕的成果，所以素材也较丰富，这是这次创作的基础优势。

由于时间仓促，本次编写工作也遇到了一些困难，但大家都统一思想、珍惜机会、从不言苦，努力克服困难，实为难得。虽然前期工作获得了上级领导的一些肯定，但也存在文稿质量参差不齐、风格不够统一等情况，这些问题，在编撰过程中得到逐步解决。作为一本文化丛书的编撰人员，我们感到自己是幸运的，因为我们生在了一个文化复苏、文化被更多人重视的时代；其次，我们感到幸运的是，编撰工作得到了云南出版集团及州委宣传部的指导帮助，得到了永平县委、县政府的高度重视，在政策、经费、人员方面给予了充分的保障，并给编撰组营造了纯粹宽松的工作环境，保证了编撰工作的顺利进行；三是在涉及的历史资料和图片方面，为了力求资料丰满充实，有些从网络搜集，有些从图书馆的图书中采集得来，对于这些图片资料的原创者，我们表示由衷的感谢！当然，十万多字的内容，想要涵盖永平厚重的历史，显然是不可能的，太多的故事，仍深埋在地下，太多的历史文化名人、探险家，他们的传奇及与永平的故事，可能要到那些博物馆和遗留后世的私人珍藏中去寻找。编者的期望，就是想通过这本书的编撰出版，抛砖引玉，为下一步继续深入挖掘永平的历史文化、塑造永平文化品牌，找准一个目标和方向，以期来者，书写永平更辉煌的篇章。

《文化大理·永平》编委会